哲人的智慧

——《老子》解读

朱武安 编著

浙江古籍出版社

自　序

最近两年，我只读了两本书，一本是冯友兰的《中国哲学简史》，另一本就是老子的《道德经》。《道德经》分上篇道经，下篇德经，共八十一章，“言道德之意五千余言”（《史记·老子韩非列传》）。《道德经》是中国古典哲学的经典。对于老子和他的《道德经》，范文澜有过这样的评价：

> 老子是有极大智慧的古代哲学家。他观察了自然方面天地以至万物变化的情状，他观察了社会方面历史的、政治的、人事的成与败、存与亡、祸与福、古与今相互间的关系与因果，他发现并了解事物的矛盾性比任何一个古代哲学家更广泛更深刻。他把这种矛盾性称为道和德。（《中国通史简编》修订本第一编，人民出版社 1964 年第 4 版，页 269）

《道德经》又称《老子》。

对于《老子》，有从政治角度解读的，有从养生角度解读的，当然也有从道教角度解读的。我不懂政治，也不谙养生，更不信道教，全凭自己的一颗纯真质朴之心来解、来读，于是就有了许多自己的认识和理解，似乎不吐不快，当然也就萌生了解读《老子》的愿望。但限于本人的学问和识见，谬误之处定所不免，敬请各位读者批评指正。

我对《老子》没有研究，只觉得《老子》各章文字不多，但大多都是名言隽语，每章都有玉韫珠藏。各章内容相对独立，而且大都围绕一个（或两个）中心，以“道”或“德”说理。语言玄妙，义理精微；意涵丰富，哲理深刻。因此，它对于青年人的立身处世人格修养，对于治国理政者清廉作风的养成，对于提高人的人生境界，无不具有裨益。我希望我的解读能有助于大家对这部中国古典哲学著作的理解，并起到抛砖引玉的作用。

解读《老子》，必然会对《老子》各章的一些字、词、句乃至全章的理解与其他各个版本产生异见，或许会引起一些不小的争鸣，但“奇文共欣赏，疑义相与析”（晋·陶潜《移居》诗），这正是我所希望的。因为学术的进步需要这种争鸣。此外，解读《老子》还不可避免地会引发对老子思想的争论，这也是很正常的现象。当然，以上所有这些都只是我的一家之言，是可以和国内专门研究《老子》的同仁共同研究探讨的。至于老子其人，这里不予讨论，我只将《史记·老子韩非列传》中有关老子的一节内容附于本书的后面，以供读者参考。

本书老子原文主要采用王弼注本，但也适当参考了其他注本。《老子》的传世版本很多，文字也多有出入，读者在阅读本书时，可与互鉴，各得其所。

朱武安

时年七十 于杭州寓所

目　录

CONTENTS

下篇　德经

上篇　道经

第 一 章

道可道[1]，非常[2]道；名可名[3]，非常名。无名，天地之始[4]；有名，万物之母。

故常无欲以观[5]其妙，常有欲以观其徼[6]。此两者同，出而异名，同谓之玄[7]。玄之又玄，众妙之门。

注释

①**道可道**：道可以言说。　②**常**：**永远。**原字为“恒”，为避汉文帝刘恒之讳，改恒为常。　③**名可名**：名可以有。　④**天地之始**：马王堆帛书和北大汉简本为“万物之始”。　⑤**观**：显示，给人看。⑥**徼**（jiào）：边界，边际。　⑦**玄**：玄妙。

解读

这是《老子》的开章，就其思想和内容来说，可以称得上是“道”和“德”的理论大幕，也是我们进入道家思想殿堂的门径。老子一开始就这样说——

道，可以言说，但这个道不是永久不变之道；名，可以有，但这个名也不是永久不变之名。没有名，是天地的开始；有名，才是万物的开端。

天地玄黄，宇宙洪荒。所以自天地剖泮以来，有一个事物它永远没有欲望，那就显示了它的玄妙；又有一个事物，它永远有无限的欲望，那就得看它的边界究竟在何方。其实，这两个事物的性质都是相同的，只是出自不同的名分而已，都可以称之为玄妙。要是把这两个玄妙的事物结合在一起，那就玄之又玄了。而这个玄之又玄的东西，那才是天地万物众妙的门户。

老子的这些话非常玄，让人似懂非懂。我们不妨慢慢来研读它。

“道可道，非常道。”“道”，在道家的思想体系中是一个非常虚灵，但又非常重要的哲学概念。什么是“道”？不是可以简单定义的，也不是一两句话能够诠释的，我们暂且把它放着，待读完全书以后再来体悟这个“道”，其实这也并不妨碍我们对道家思想的了解和学习。老子说，道可以言说，但不是永久不变的。换言之，道是可变的，在变的。中国历代封建王朝的更迭，就是整个封建秩序的变更，是世道、人道的变更。日月星辰之行，阴晴雨雪之化，人的生老病死，世间万物的生息消亡，等等，无不都是大道运行的结果。中国向来就有一种“天不变，道亦不变”的说法。反之，天变，道亦变。即世间的事物变了，道也随之发生变化。《韩非子·解老》有云：“万物各异理，而道尽稽万物之理，故不得不化。”可见，“化”是道的基本特性。辩证唯物主义告诉我们，世间的一切事物都是在发展变化的。由于没有永久不变的事物，因此也就没有永久不变之道。

“名可名，非常名。”名可以有，但这个名也不是永久不变之名。为什么呢？道家认为实际世界的具体事物的性质、差别都是相对的、可变的。这种事物的相对性正说明了既无永久不变之道，也无永久不变之名。“名”在道家的思想体系中也是一个重要的哲学概念，它除了名称、称呼等意思以外，还有名分、名义，作用、效用，功能、功用等等的意涵。它是相对于“实”而言的，我们平常说的“名副其实”或“名实相符”等等，也包含了这个意涵。这就是说，万物之名是根据“物”的实际存在状况或实际发挥的功能、功用而言的。譬如一个杯子，用来盛水的时候是一个水杯，用来插笔的时候就是一个笔筒。又譬如，天有昼夜之分：日见光明，天之名在昼；晚度黑暗，天之名在夜。水能攻坚克强，其名在势；水能蓄势发电，其名在力。等等。可见名是相对的，可变的。有了天地万物，就有天地万物之名，“名”即依“实”而生。某一事物消亡了，其名也不复存在。所以说“名可名，非常名”。

“无名，天地之始；有名，万物之母。”老子的这些话似乎在谈论宇宙和天地的形成。在浩瀚的宇宙中，天地形成以前，没有万物，当然也无所谓名；待形成了天地，有了万物，就有万物之名。故老子说：“无名，天地之始；有名，万物之母。”

“故常无欲以观其妙，常有欲以观其徼。”这些话非常玄妙，意思是说，有一个事物“常无欲”，即永远没有欲望，没有追求，那就“以观其妙”，足以显示它的玄妙。这个“观”，有显示，给人看的意思，如“观兵”（即炫耀武力）。大家可以想一想，这个永远没有欲望，没有追求的玄妙的事物是什么呢？是天！但又超乎天。正是上天，它无私无欲，虚廓清空。它普施惠济，荫庇万物生灵，却永无功利之欲。再看另一个玄妙的事物，它“常有欲”，即永远有无限的欲望，那就“以观其徼”，足以显示它的边界之遥，即其体量之大，幅员之辽阔，那就得看它的边界究竟在何方。这个“徼”，是边界的意思，如“南至牂牁为徼”（《史记·司马相如列传》牂牁（zāng kē）：地名）。这个永远有无限欲望的玄妙的事物是什么呢？是地（包括海洋和湖泊）！但又超乎地。正是大地，它什么都要，也不论多少都要，它永远有无限的欲望。它对于世间万物无嫌无弃，也不选不择。正是由于它的大度和包容，才容得下万物，因此它的边界也就无涯无垠。

老子就这样，由对天、地自然德性的感悟而拉开了他关于“道”和“德”的理论大幕！

“此两者同，出而异名，同谓之玄。玄之又玄，众妙之门。”“常无欲”，显示了上天的无私；“常有欲”，显示了大地的包容。上天的无私，玄妙得简直让人难以理解；大地的包容，也同样玄妙得让人难以理解。所以上天和大地一样玄妙（“此两者同”），只是“出而异名”，一个出自天的名分，一个出自地的名分，但“同谓之玄”。如果把这两个玄妙的事物结合在一起，那不就是“玄之又玄”了吗？天地相合，阴阳化育，天地万物，人世间众多玄妙的事物皆由此而出，因此老子把它叫作“众妙之门”。可以体悟得出来，这个“众妙之门”就是道家所崇尚的虚灵而又玄妙的“道”或“大道”。

这样读下来，你就会觉得老子说的话一点也不玄。

那么，为什么说“常无欲以观其妙，常有欲以观其徼”指的是天但又超乎天，是地但又超乎地呢？这是因为老子已经把上天和大地的那种自然德性（或者说自然属性）上升到了抽象的天和地，即超乎天地的玄妙境界，给人一种无尽的遐想和思考。道家关于道和德的理论就是建立在上天和大地的这种自然德性的基础上的。道家之所以崇尚自然，主张无为，就是以天地万物的自然德性作为其哲学基础的。道家哲学中的许多观点，都是由司空见惯的自然现象和对一些事物自然德性的感悟而发，也就不足为奇了。

“常无欲以观其妙，常有欲以观其徼。”这两句话很重要，它是打开道家（请注意，道家是哲学，道教是宗教）思想殿堂大门的关楗。由于这两句话的破解，从而使我们对道家哲学的学习进入了柳暗花明的境界。可是长期以来，人们总习惯于在文字上兜圈子，作了许多不甚了了的解释，或以玄释玄，因此始终无法跳出玄的窠臼，从而给“道”蒙上了一层神秘的色彩，让人觉得道家哲学是一门玄学。

读完开篇第一章，我这样想：如果说古希腊的苏格拉底把哲学从天上带到了人间，那么早于苏格拉底一个多世纪的古代中国的老子就已经把哲学从自然带给了人类。

第二章

天下皆知美[1]之为美，斯恶[2]已[3]；皆知善[4]之为善，斯不善已。故有无相生，难易相成，长短相形[5]，高下相倾[6]，音声相和，前后相随。是以圣人处无为之事，行不言之教。

万物作[7]焉而不辞[8]，生而不有，为而不恃[9]，功成而弗居。夫唯[10]弗居，是以不去。

注释

①**美**：美好。　②**恶**：丑恶，与美相对。　③**已**：停止，完毕。这里引伸为存在。　④**善**：好，好的事物。　⑤**形**：比较。按：句“长短相形”，王弼本为“长短相较”。　⑥**倾**：倾靠。　⑦**作**：生发，兴作。⑧**辞**：讲话。　⑨**恃**：依靠，依仗。　⑩**唯**：由于。

解读

道家处世崇尚“无为”，教化注重“不言”。它们的理论基础是什么呢？让我们听听老子是怎么说的。他说——

普天下的人都知道，美的事物称为美，那是因为这个丑恶的事物已经存在了；好的事物称为好，那是因为这个不好的事物已经存在了。所以，有与无因依存而生，难与易因相辅而成，长与短因比较而显，高与低因倾靠而现，音调的高低与声响的大小因唱和而彰，前与后因相随而明。正是因为这样，圣人处无为之事，行不言之教。

大道对于万物的兴作默不作声，生畜万物而不占有，有所作为而不恃其为，大功告成而不居其功。正是由于它不恃其所为，也不居其已成之功，所以它的功德才永远不消失。

老子在这里热烈讴歌大道之德。他为什么那么满腔热情地歌颂大道之德呢？不妨让我们分析一下他开始时说的那番话。

“天下皆知美之为美，斯恶已；皆知善之为善，斯不善已。”“已”的本义是停止，完毕的意思，如“鞠躬尽瘁，死而后已”（诸葛亮《后出师表》），在本句中可以引伸为存在。句中的“恶”，是相对于“美”而言的，因此有丑恶的意思；“善”，则并不限于善良，它包含了所有美善的、好的等等正面的事物。所以全句的意思就是：普天下的人都知道美的事物称为美，那是因为这个丑恶的事物已经存在了；都知道好的事物称为好，那是因为这个不好的事物已经存在了。老子接着从不同角度列举了六个相互对立的事物：“有”与“无”、“难”与“易”、“长”与“短”、“高”与“下”、“音”与“声”、“前”与“后”，说明了世间许多事物的存在都是相对的，是相辅相成的，即彼此都因比较而存在。这种事物存在的相对性，说明了世间每一事物都有它存在的意义和价值，因此人们的行为不应该带有功利，当然更不应该对其作出绝对的肯定或否定，天道会作出合乎自然的选择。

如果把老子前面说的那番话理解为事物的对立与统一，那就有了偏颇。遗憾的是，有的人就是这样理解的。可这样的理解与后面所要说明的问题毫不相干。

老子关于事物存在相对性的观点，不仅为道家包容万物的胸襟奠定了思想基础，而且也为圣人的“处无为之事，行不言之教”提供了理论依据。

下面我们继续听老子说的。

“是以圣人处无为之事，行不言之教。”圣人是道的化身，是能够体悟自然、按自然规律行事的人，所以老子所说的圣人就有别于儒家所说的圣人，如三皇五帝。正如前面所说，世间事物的存在都是相对的，是相辅相成的，它们的存在都有其自然合理的因素，所以人们的所作所为就不应该带有功利。正是因为这个道理，圣人处事既不敢作敢为，也不无所作为，而是实行“无为”。何谓无为？无为不是无所事事，什么都不做。譬如种庄稼，揠苗助长不行，不施肥除草、没有田间管理也不行。非但如此，还应该不失农时，埋头耕耘，不问收获。不管秋收能收多少谷子，都快乐地，默默地干。“日见田稻，夜见妻小”，过着快乐恬淡的生活。所以无为的核心是不心存功利之欲。这是一。第二，“无为”指的是因循自然，遵循事物发展的常规、常理，顺德而行，不过度，不过急，不过火。因为“过犹不及”（《论语·先进》）。事情做过了头，其后果比不做还要坏。所以从这个角度来说，道家的无为近乎儒家的中庸。

其实，“无为”的内容是非常丰富的，所有一切合乎自然，合乎常规、常理而无功利之欲的行为都可以认为是无为。这就是说，“无为”实际上就是没有功利之欲的作为。道家认为没有功利之欲的作为才是合乎道的。

老子认为，教化也是这样，不该带有功利，不要发号施令，或喋喋不休地说教，而是要“行不言之教”。即不用说话，做出好样子就行。可见“不言之教”就是无为之教，是无为在教化方面的体现。

一般说来，开启民智，教化百姓，要靠政治宣传，思想教育，辅之以必要的行政措施。可是老子并不认可这样的做法。他理想的做法是“行不言之教”，即大家各以自身美善的品行去影响他人。道家认为人的善和不善也是相对的，一个厚德之人应该有容纳不善之人的雅量。老子这样说：“善者吾善之，不善者吾亦善之，德善；信者吾信之，不信者吾亦信之，德信。”（第四十九章）因为任何人都有趋善向好的一面，只要平等待人，一视同仁，大家都会变得善良和诚实。老子还认为每一个人美善的言语和行为都是可以感化人的，它不仅可以促进人们的友好交往，更能引起他人的敬重，这就是“美言可以市，尊行可以加人”（第六十二章）。可见每一个人其自身美善的品行就是一种“不言之教”，它可以潜移默化，起到教化人的作用。显然，这种春风化雨般的教化是合乎道的。道家所崇尚的就是这种教化。其实，“不言之教”是一个无为自化的过程，因为一切好的东西人们一定会风从而行，争相仿效，从而与时俱化。

综上所述，圣人之所以主张“处无为之事，行不言之教”，那是因为他认识到世间事物存在相对性，正如《韩非子·解老》所云：“道，理之者也。物有理不可以相薄。”即是说，世间每一事物的出现或存在都自有其理，人们没有理由鄙视它，更不应该心存功利而对它予以绝对的肯定或否定。世间事物的存废或发展趋向，天道会作出合乎自然的选择。正是因为这个道理，圣人行事总是合乎自然，合乎常规、常理。任何大作大为和喋喋不休的说教都是因为心存功利，故圣人不处。

“万物作焉而不辞，生而不有，为而不恃，功成而弗居。夫唯弗居，是以不去。”老子的这些话是在热烈讴歌大道之德：对于万物的兴作默不作声，生畜万物而不占有，有所作为而不恃其为，大功告成而不居其功。句中的“不辞”、“不有”、“不恃”、“不居”正是集中体现了“道常无为”（第三十七章）且永无功利之欲的大德。大道正因为无功利之欲，所以它的功德才永远不消失，这就是所谓“夫唯弗居，是以不去”。以喻人之实行无为，可以德泽绵长。

需要指出的是，老子“处无为之事，行不言之教”的主张，虽具有其合理的成分，但也有较浓厚的理想主义色彩，同时在思想上也有其保守的一面，这是我们在读《老子》时应该注意的。

第 三 章

不尚[1]贤，使民不争；不贵[2]难得之货，使民不为盗；不见[3]可欲，使民心不乱。是以圣人之治，虚其心，实其腹；弱其志，强其骨。常[4]使民无知[5]无欲，使夫知者不敢为也。为无为，则无不治。

注释

①尚：崇尚。　**②贵**：看重。作动词用。　**③见**：同“现”，有显现的意思。　**④常**：永远。　**⑤知**：同“智”。

解读

民争，民盗，民心惑乱，国之患也。何以治之？按老子的办法就是——

不要过分崇尚有才德的人，使民不致为名而争；不要过分看重难得的财货，使民不致沦为盗贼；不要过分显现会引起物欲的事物，使民不致心动而乱。所以圣人之治就是这样：淡化他们的欲望，满足他们的温饱，弱化他们的心志，增强他们的体魄。永远让他们没有奸诈、刁钻之心，也没有功利之欲。这样，就可以使那些心怀叵测、诡计多端的阴谋家也无法施展他的伎俩。就这样以无为的方式去治理国家，就不会有治理不好的了。

老子认为，功名利禄、难得之货和新奇物品都会刺激人们处心积虑甚至贪得无厌的追求，诱发一些人非分的企图和不端行为，从而造成整个社会的不安宁，所以他主张“为无为”，要让民风返朴，使人性归真。我以为老子的那些治国理念或政治主张，主要还是反映了他对一种淳朴民风和无欲无争的清平社会的向往。

下面让我们再作些研读和分析。

“不尚贤，使民不争。”何为“贤”？贤，就是有才德的人。“尚贤使能”(《荀子·王制》)，理之固然，“不尚贤”，何理之有？我以为老子在这里说的“不尚贤”有三层意思：第一，不要荣过其任。——国家需要的是能许身天下，不图荣贵的人；第二，不要禄过其才。——国家需要的是有真才实学，不图利禄的人；第三，不要名过其实。——国家需要的是注重实务，不图虚名的人。所以“不尚贤”，并不是不要去崇尚有才德的人，而只是主张对人才的使用和授予的爵禄，要恰如其分，名副其实，不要太过分。只有这样，才不致造成品行不端和徒有虚名的人去争相谋取功名和禄位，也得以使下位的人心悦诚服，心理平衡，国家也才会安定太平。

“不贵难得之货，使民不为盗。”所谓“难得之货”，对天下侯王来说，就是昆山之玉，随和之宝，明月之珠，夜光之璧，犀象之器；对民间来说，就是金银财宝，奇花异石。看重这些“难得之货”会造成虚华的民风。因为上有所好，下必甚也。而且容易诱发一些人非分的企图和不端行为，所以老子认为不应该这样。

“不见可欲，使民心不乱。”句中的“见”同“现”，有显现的意思。“不见可欲”，即不要去显现会引起物欲的事物。能够引起物欲的事物，诸如现代社会的商品广告、产品展销、民间庙会和各种交易会、博览会等等的促销行为。按理说，新产品的展现、展销可以促进消费，发展生产，是件好事。但老子认为，这会引起人们的物欲之念，使民心动而乱，影响淳朴民风的形成。毫无疑问，这是重农抑商的封建理念的反映。

老子的“三不”（“不尚贤”、“不贵难得之货”、“不见可欲”）主张有其合理的成分，但多为现代社会所不取。

“是以圣人之治，虚其心，实其腹；弱其志，强其骨。常使民无知无欲，使夫知者不敢为也。”老子主张的圣人之治就是这样：淡化人们的欲望，使他们没有思想，没有追求（所谓“虚其心”）；满足他们的温饱（所谓“实其腹”）；弱化他们的竞争意识和创造精神（所谓“弱其志”）；只让他们具有强健的体魄（所谓“强其骨”），以期能够继续从事劳作。永远让人们没有奸诈、刁钻之心，也没有各种功利之欲。老百姓的淳朴、敦厚达到了这种程度，那么那些心有图谋的阴谋家就无法施展他的伎俩。显然，这是老子“小国寡民”（第八十章）思想的反映。句中的“知”，同“智”。所谓“知者”，指的就是那些另有图谋、心怀叵测的人。

“为无为，则无不治。”这是全章的总结。如果按照前面所说的方法，以“无为”的方式去治理国家，那就没有治理不好的了。你看，老子对他倡导的“无为”之治是那样的信心满满。

以上就是老子的治国理念或政治学说。在老子看来，名利之欲，物欲之念，是民争、民盗、民心惑乱的根源。因此治理国家应当“不尚贤”、“不贵难得之货”、“不见可欲”，让老百姓“虚其心”、“弱其志”，“常使民无知无欲”。这在反映他对清平社会向往的同时，也折射出了他浓厚的愚民政治色彩。这当然是由于社会和历史的局限所致。

梁启超在《李鸿章传·绪论》中批评李鸿章的历史局限性时

曾说:“不识国民之原理，不通世界之大势，不知政治之本原。”而且还曾大声疾呼“今日世界之竞争，不在国家而在国民”！老子的“三不”理念和“常使民无知无欲”的主张，都是一种弱化民智的思想，它和现代社会的国民政治是背道而驰的，因此老子的这种政治主张或治国理念必然为现代社会所不容。他的那种主张也正如我在前面说的，只是一种对淳朴民风和无欲无争的清平世界的向往而已。我们必须明白，发展民主，激发民智，才是国家强盛兴旺的根本。

第四章

道冲[①]，而用之或不盈[②]。渊[③]兮，似万物之宗[④]。

挫其锐，解其纷；和其光，同其尘。

湛[⑤]兮，似或存。吾不知其谁之子[⑥]，象帝之先[⑦]。

注释

①冲：虚，空虚。 **②盈**：满，充满。 **③渊**：深水，深潭。这里有深邃、深远的意思。 **④宗**：本，本原。 **⑤湛**：深沉的样子。**⑥子**：对人的尊称。按：此句一些传世本为“吾不知谁之子”。 **⑦象帝之先**：好像天帝的祖先。象：同“像”，也有形象、肖像的意思；帝：天帝；先：祖先，上代。

解读

在第一章，我们已经知道了“道可道，非常道”，即道是可以言说的，但这个道并非永久不变之道。那么道究竟有什么特点呢？它的力量究竟有多大呢？让我们带着这些问题继续听老子说的。

在这一章，老子这样说——

道，玄妙虚空，但是运用它或许充而不盈。它渊源深远，好像是万物的本原。

它挫磨了人世间的所有锐气，也化解了俗尘中的一切纷争；它使耀眼的明星之光变得柔和，也使神仙一般的贵族混同俗尘。

大道是那样的深沉浓重啊，它似乎真的存在，可以看得见。我不知道它究竟是谁，看它那相貌，好像是天帝的祖先。

老子对道的那种如虚似玄的描述，确实有些让人费解。这就有待我们好好分析、思索，体悟其中的意涵，只有领悟了其中的意涵，才会觉得道并非那么虚玄。我们的分析还是从一些关键词、重点字开始。

“道冲，而用之或不盈。”“冲”，即虚，虚空，如“谦冲”，“大盈若冲”（第四十五章）等等。整句话的意思就是：大道虚空，但使用起来或许充而不盈。换言之，大道虚空，但它的妙用无穷无尽。所以，虚空而用之不尽是大道的第一个特点。

“渊兮，似万物之宗。”“渊”，其本义是深水、深潭，这里有深邃、深远的意思。“宗”，是本原的意思，如成语“万变不离其宗”。因此全句可以这样理解：大道的渊源是那么深远啊，它好像是万物的本原。这和第二十五章说的，道“可以为天下母”是同一个意思。它的存在先于万物的形成，所以能“以阅众甫”（第二十一章），认识万物之始。这种道生万物的意涵，其实说的就是，道这个玄妙之物（其实，并不是一个“物”。）在万物形成以前就已经存在。或者说，道造化了万物。所以，渊源深远是大道的第二个特点。

“挫其锐，解其纷；和其光，同其尘。”这是很经典的四句话，但对它的解释见仁见智，莫衷一是。有的解释甚至虚乎其虚，玄乎其玄。我以为这四句话充分体现了大道的力量和作用，它的意思我在前面已经说了。须知，这是何等超世脱俗的视野和胸襟！老子以得道者的眼光和道的思维方式来认识人世间的一切变化：叱咤风云的英雄，气吞万里的骁将，春秋各国的纷争，世俗百姓的恩怨情仇，星斗般耀眼的风流才俊，神仙般的王公贵族，随着时光的流逝，最终都与世俗同尘，即同归于一样的正常自然的状态。这不禁使我记起罗贯中的《三国演义》开篇的词来。词曰：

滚滚长江东逝水，
浪花淘尽英雄。
是非成败转头空：
青山依旧在，
几度夕阳红。

白发渔樵江渚上，
惯看秋月春风。
一壶浊酒喜相逢：
古今多少事，
都付笑谈中。

是什么力量使“是非成败转头空”？是大道！是自然！不变的唯有“秋月春风”，“夕阳”，“青山”。

——到此，你悟出“道”了吗？

下面我们再来看大道的另一个特点。

“湛兮，似或存。”道是超乎形象的，我们根本看不见，摸不着。因为它是一个高度抽象的意涵，所以句中用了一个“似”字。在理解老子这句话的时候，有两个字必须好好琢磨：一是“湛”，它有深沉、浓重的意思；二是“存”，它有存在的意思，但也有看望的含义，如“无一介之使以存之”(《战国策·秦策五》)。因此全句的意思就是：大道是那样的深沉、浓重啊，它似乎真的存在，可以看得见。显然，这是一种艺术描写。我认为老子说的这一“湛”一“存”，其实体现的就是道的意涵的深刻性和正确性。所以，深沉而似乎可见是大道的第三个特点。

大道“似或存”，即似乎真的存在，可以看见，那么所见的是一个什么样的东西呢？请看最后一句说的。

“吾不知其谁之子，象帝之先。”这话的意思就是：我不知道它究竟是谁，看它那相貌，好像是天帝的祖先。在这里老子运用拟人的手法，把大道比作人，甚至是神。其实，老子的这句话就是意味着道的存在时间已经很久远了。句中还有两个字要引起注意。一是“子”，它是对人的尊称，如孔子，孟子等等。“子”不能理解为儿子，孩子。因为道是万物的本原，最大的了，它不可能是“谁”的儿子或孩子。二是“先”,是祖先、上代的意思,如“蒙恬者，其先齐人也”(《史记·蒙恬列传》)。

综上所述，这章主要讲了两个问题：一是大道的特点，二是大道的力量。讲到大道特点的时候，老子用三个字来描述：“冲”、“渊”、“湛”。老子对道的那种如虚似玄的描述，反映了道的意涵的高度抽象和博大精深，而“冲”、“渊”、“湛”就是对这种博大精深的意涵的艺术概括。讲到大道力量的时候，老子用四句话来概括：“挫其锐，解其纷；和其光，同其尘”。是什么力量能够“挫其锐，解其纷；和其光，同其尘”？是道！正是由于道的力量，才使人世间的一切锐气得以挫磨，纷争得以化解，风流才俊的耀眼之光变得柔和，神仙般的王公贵族与世俗同尘。天地间，人世中的一切事物随着时光的流逝，最终都同归俗尘，各自回归到自然正常的状态。各种事件也依其自身发展的规律，最终达到其自然的结果。这就是道的力量！亦即自然的力量。（注意：自然，不是自然规律，也不是自然界。）大道如此玄妙，才有道家的那种超世脱俗的大视野、大胸襟。这种大视野、大胸襟，来自对世事的洞察和体悟，来自对客观世界的正确认识。要是人们都有这种大视野、大胸襟，那么我们还有什么值得贪念和纷争呢？道家崇尚自然，强调无为，注重自身的身心养护，就是以这种大视野、大胸襟作为其思想基础的。

第五章

天地不仁，以万物为刍狗[①]；圣人不仁，以百姓为刍狗。天地之间，其犹橐籥[②]乎？虚而不屈[③]，动而愈出。多言数穷[④]，不如守中。

注释

①刍（chú）狗：古代祭祀时用草扎成的狗，祭祀后丢弃。**②橐籥**（tuó yuè）：古代的一种风箱。 **③屈**：竭，尽。 **④数穷**：很快完结。数（读 cù）:密，与“疏”相对，有快速的意思。穷:完结。

解读

在这一章，老子教我们立身行事不要走极端，而要“守中”。他这样说——

天地如果没有仁爱之心，就会把天下万物当作祭祀用的草狗；圣人如果没有仁爱之心，就会把天下百姓当作祭祀用的草狗。天地之间不就像一只用来鼓风的大风箱吗？拉动轻缓时，箱内虽空，但出来的风舒缓而不穷。拉动越急，则出风越烈，从而风箱内外不得安宁。人讲话也是这样，如果讲话太快、太过，就会加速你的垮台，所以不如坚守中道。

老子的这些话以物喻理，以事寓理，深入浅出，听起来很舒心。

大家知道，天地滋养万物，圣人仁爱百姓。因此对于本章开头的两句话，应该从假定意义上去理解。这就是说，这是两个并列的假设句，否则就不好理解。下面让我们对原文再作些分析和解读。

“天地不仁，以万物为刍狗。”天地如果没有仁爱之心，就会把万物看作祭祀用的草狗。“刍”，指的是草或草料。“刍狗”，即在祭祀时用草扎成的狗，祭祀后即被丢弃。难道天地也有不仁吗？有！譬如天旱地裂，禾苗枯黄；河干溪涸，农事凶荒。或雨如盆倾，坝溃堤决；水如潮涌，人为鱼鳖。灾后赤地千里，民生涂炭；哀鸿遍野，啼饥号寒。此非“天地不仁，以万物为刍狗”乎？

“圣人不仁，以百姓为刍狗。”圣人如果没有仁爱之心，就会把百姓看作祭祀用的草狗。圣人亦有不仁乎？有！譬如人寰之内，“争地以战，杀人盈野；争城以战，杀人盈城”（《孟子·离娄上》），或“宰割天下，分裂山河”，“追亡逐北，伏尸百万，流血漂橹”（贾谊《过秦论》）。这种一将功成万骨枯的惨象，岂非“圣人不仁，以百姓为刍狗”乎？就以武王伐纣为例。史书记载，时武王“陈师牧野”（牧野：商郊，地名），“帝纣闻武王来，亦发兵七十万人拒武王”（《史记·周本纪》）。战争的规模及其惨烈，可想而知。开天辟地的圣人在取得全国政权的过程中，尽管他除孽制暴的行为是顺乎人心，合乎天意的，即合乎道的，但没有代价只能是一种幻想。就是在和平时期，封建社会繁重的赋税和各种大小劳役，都会将百姓逼到如同祭祀用的草狗一样。

“天地之间，其犹橐籥乎？”“天地不仁”和“圣人不仁”，是天地间、人世中的两种极端情形，都是由于天地的行为过度和人的作为太过造成的。因此老子把天地比作一只大风箱，认为任何过度的行为都将遭致灾难。从这个比喻可以看出老子的思想境界是非常宏阔高远的。

“虚而不屈,动而愈出。”这只大风箱,在拉动轻缓有序的时候,箱内是虚空宁静的,但出来的风非常舒缓且没完没了。拉动越急,出风越烈,拉动得再剧烈一些,那就风箱内外不得安宁了。可见行为过度,作为太过不是好事。句中的“屈”,有竭,尽的意思,如“生之有时,而用之亡度,则物力必屈”(贾谊《论积贮疏》亡:无)。

以上是天地间、人世中的极端行为所造成的后果。那么对一个人来说,如果某种行为过度将会怎样呢?下面继续听老子说的。

“多言数穷,不如守中。”如果天地是一只大风箱,那么人就像一只小风箱。人讲话多了,急了,就会气急败坏。讲话太快,太多,太过,就会加速你的垮台,因此不如坚守中道。这里的“数”,读 cù,有“密”的意思(与“疏”相对),如“其疏数偃仰,类智者所设施也”(柳宗元《小石城山记》。偃仰:伏仰的样子),句中可以引伸为快速。“数穷”,即很快完结。汉代的刘向曾说:“无多言,多言多败;无多事,多事多患”(《说苑·敬慎》),还说:“口者关也,舌者机也,出言不当,四马不能追也。口者关也,舌者兵也,出言不当,反自伤也。”(《说苑·谈丛》)可见,寡谈慎言,坚守中道,宽和济世是最明智的。孔子也说:“君子欲讷于言而敏于行。”(《论语·里仁》)

全章读来就一个中心,那就是“毋太过”。老子告诫我们立身行事,治国理政,应该像拉风箱那样轻缓有序,才能使风箱内外无惊。这种轻缓有序的状态就是“无为”。只有无为,才能使天地万物生生不息。任何为所欲为,作为太多太过,都会加速垮台。庄子也说“缘督以为经”(《庄子·养生主》督:中,中间。经:

常，常规）。就是说，为人处世应以坚守中道为常态。道家“守中”的主张类似于儒家的“中庸”。可见，“毋太过”是儒、道两家共同的主张。他们都认为“不及”比“太过”好，不做比做得过多好。因为太过或做得过多，都有适得其反的危险，所以孔子也说“过犹不及”（《论语·先进》）。

第六章

縠神[1]不死，是谓玄牝[2]。玄牝之门，是谓天地根。绵绵[3]若存，用之不勤[4]。

注释

①**縠神**：即养育之神。縠，同“谷”。 ②**牝**（pìn）：雌性鸟兽。③**绵绵**：连续不断、密集的样子。 ④**勤**：劳，辛苦。

解读

这章是第四章的继续和发挥。老子这样说——

生养万物之神永生不死，这称得上是位玄妙的母性。这位玄妙的母性之门，就是天地的本根。大道绵绵不绝，好像真的存在，可以看见，运用它也毫不费力。

这章仅三句话，是全书中最短的篇章之一，但仍然有点玄。不过玄也得把它读穿。我们就从原文的字、词、句开始吧。

“縠神不死，是谓玄牝。”“縠”，在古汉语中是庄稼和粮食的总称（现在写作“谷”），这里可以引伸为养育，如《诗经·小雅·甫田》：“以縠我士女”。“縠神”，就是生养万物之神。“牝”，泛指雌性鸟兽，我在这里把它译为母性，似乎更雅一点。那么，这位生养万物的“玄牝”，指的是什么呢？就是道。即大道就是生养万物的玄妙母性。这和第四章说的“渊兮，似万物之宗”，以及第五十二章说的“天下有始，以为天下母”，都是同一个意思。即道是万物的本原，是天下万物之母，是生养万物之神。这位母性之所以“玄”，那是因为她永生“不死”，所以才有后面的“绵绵若存”之说。

“玄牝之门，是谓天地根。”这个“门”字常常会引起人们荒诞不经的邪想。我认为这个“门”只具有抽象的意义，并不是实指，如第一章说的“众妙之门”。因此整句话的意思就是：这位玄妙的母性之门，称得上是天地的本根。意即天地皆由其所派生。也就是说，道是天地的从生者，这也正如第二十五章所说的“有物混成，先天地生”。可见道的存在先于天地的形成，所以它能够“以阅众甫”（第二十一章），认识万物之始。老子在这里想得很深很远，他是在思考天地的产生和宇宙的形成，而那个“道”早就已经存在了。

老子的这些话，我以为就是意味着他关于道的理论，可以追溯到天地甚至宇宙的形成，或者说道的理论可以解释天地和宇宙的形成。当然，我们也可以从另一个角度说，天地乃至宇宙的形成都是合乎道的。足见道的理论的博大和精深。懂得了这种意涵，你或许会觉得道不再是那么玄的了。

我们知道，天地是宇宙在自然演化过程中自然形成的，并将继续这样自然而然地演化下去。因此从这个意义上说，道就具有自然而然的性质。或者说，合乎自然的就是道，自然而然就是道。——这就是我的推理。

“绵绵若存，用之不勤。”“绵绵”，有连续不断、密集的意思。正因为大道“绵绵”，所以老子一开始就说“穀神不死，是谓玄牝”。

否则，何以“绵绵”？一个“若”字，把道的无形、恍惚、幽冥的特征也体现出来了。所谓“若存”，即那绵绵之物好像真的存在，可以看得见。(“存”，有存在且似乎可以望得见的意思。这在第四章我已作了举例说明。)“勤”，即劳、辛苦，如成语“四体不勤”。所以全句用现代汉语来表达就是：大道绵绵不绝，好像真的存在，可以看见，而且运用它也毫不费力。足见道的理论的永久性、正确性和其内涵之丰富，以及运用之方便。也正因为“用之不勤”，所以老子在第七十章中说：“吾言甚易知，甚易行。”因此从这个意义上来说，道的理论应该是很浅显，很通俗，当然也是很粗朴的理论，而并非有人们想象的那么玄妙和精深。

第 七 章

天长地久。

天地所以能长且久者，以其不自生[1]，故能长生。是以圣人后其身而身先，外其身而身存。非以其无私邪？故能成其私[2]。

注释

①**不自生**：不以自己而存在。　②**成其私**：实现他自己的人生抱负。

解读

天无私覆，地无私载。天地之所以能长且久者，就因其无私。谁想天长地久，谁就该效法天地。所以老子这样说——

天地的存在已经很长很久了。

天地之所以能那样长久，那是因为它们不以自己而存在。正是因为这个道理，圣人总是善于谦退，并把自己的利益放在众人之后。这样，他反而先于众人得到了自己的利益。在危难深刻，把自己置于度外，其自身反而得到了保全。这不是因为他无私吗？所以反而使他实现了自己的人生抱负。

老子的话讲得多辩证，多好啊！

“天长地久。”这是天道，老子的议论便由此而发。

“天地所以能长且久者，以其不自生，故能长生。”天地因为不以自己而存在，所以才得以长久地存在。“生”，即生存，这里有存在的意思。上天普济惠施，荫庇万物生灵，不以私也；大地深藏厚载，包容滋养万物，亦不以私也。天地之所以能够那样长久，且万物受益，人灵感戴，就是因其无私，不以自己而存在。谁想天长地久，谁就应该效法天地，像天地那样无私和包容。

“是以圣人后其身而身先，外其身而身存。”因为圣人能够像天地那样无私，所以他立身行事总是善于谦退，先人后己，把自己的利益放在天下百姓之后，具有“先天下之忧而忧，后天下之乐而乐”（范仲淹《岳阳楼记》）的胸襟。因为“后其身”，反而使他名声卓著，利益丰满。在危难时刻，置自己的安危、生死于度外，以“苟利国家生死以，岂因祸福避趋之”（林则徐语）的担当，扶大厦于将倾，挽狂澜于既倒，从而使危局发生转机，这样他自身反而得到了保全。兵法上说：“投之亡地然后存，陷之死地然后生。”（《孙子兵法·九地》）也同样说明了这个道理。

“非以其无私邪？故能成其私。”这里以一个反问的句式作为全章的总结。（此句一些传世本多为“以其无私，故能成其私”），圣人因为能像天地那样无私，所以能够成就他治国安邦的伟大抱负。所谓“成其私”，即成就他宏大的事业和抱负。这后半句中的“私”，并非世俗利益，而是指治理国家、服务人民的四方之志。

那么，为什么“以其无私，故能成其私”呢？

因为无私才能无畏：没有私利纠葛，就会毫无顾忌，无所畏惧；

因为无私才能公平：没有私心杂念，就会一视同仁，不分彼此；

因为无私才能公正：没有私欲遮蔽，就能分辨是非，明断曲直；

因为无私才能包容:没有私念充塞,就能器量弘渊,包容万物。

无私之人,必然内存公义之心,外显和宽之气。这样的人还有谁会不拥戴呢?他的事业,他的理想,他的抱负,还有不能成就的吗?所以"以其无私,故能成其私"。老子在第十三章中说:"贵以身为天下,若可寄天下;爱以身为天下,若可托天下。"一个没有私心,愿意全身心为天下人服务的人,你可以把天下都托付给他。这就是一个无私之人的社会价值!

在这一章中,老子以十分辩证的思维,非常简洁的语言,阐述了"自生"与"长生"、"后"与"先"、"外"与"存"、"无私"与"成其私"的关系。他以天道来比喻人道,认为一个有远大人生抱负的人,立身处世,应该效法天地。只有像天地那样无私,才能治国安民,成就事业,实现抱负,他的功业也因此才得以天长地久。全章文字不多,但字字珠玑,句句隽语,特别是"后其身而身先,外其身而身存。非以其无私邪?故能成其私"的话,如春风甘露,滋润着多少仁人志士们的品德、涵养和智慧!

第八章

上善若水。

水善利万物而不争，处众人之所恶[①]，故几[②]于道。居善地，心善渊，与[③]善仁，言善信[④]，正[⑤]善治，事[⑥]善能，动善时[⑦]。夫唯不争，故无尤[⑧]。

注释

①**恶**：讨厌，不喜欢。　②**几**：近，接近。　③**与**：给予。　④**信**：信实，真实。　⑤**正**：同“政”。　⑥**事**：做事。作动词用。　⑦**时**：应时，适时。　⑧**尤**：怨恨，责怪。

解读

水的自然品性柔弱、就下、不争而利万物。本章以水为喻，说明高尚的品德就应该像水一样。老子这样说——

上等的善德就像水一样。

水的善德就在于它利万物而不与争夺，处于众人所厌恶的卑下、低洼之地，所以它的品德已经近乎道。其居之善也，至下；其心之善也，似渊；其予之善也，乃仁；其言之善也，近信；其政之善也，谓治；其事之善也，曰能；其动之善也，应时。因其不与万物相争，所以也就不怨天尤人。

你看，老子把水的德性总结得多好啊！

“上善若水”。这是全章议论的中心。道家崇尚自然，通常以天地万物的自然德性作为他们的议论中心。本章的议论就由水而发。

“水善利万物而不争，处众人之所恶，故几于道。”老子说，水的善德在于它利万物而不与相争，而且总是处在低下，大家所不喜欢的地方。因此，水的善德已经接近于道了。老子以此告诫人们应该像水一样与人无争，与世无争，服务人民，利益大众。具有谦卑之心，谦退之意，谦让之德，这才称得上是“上善”之人。句中的“几”，有近，接近的意思，如“汉之为汉，几四十年矣”（贾谊《论积贮疏》）。

水有“七善”，让我们再慢慢品读。

“居善地”。即其居之善也，至下。水总是处在地势最低的地方，且行止不争，避高就下，绝无争高夺势之念。此为“居”之善也。这是一。

“心善渊”。即其心之善也，似渊。水至柔，至和。它滋养生灵，利润万物；心澈如镜，观照万类。它的心境，它的玄妙，简直奥深似渊，难以度量。此为“心”之善也。这是二。

“与善仁”。即其予之善也，乃仁。“与”同“予”，即给予，施予。水德泽万物，它不分善恶亲疏，不别尊卑贵贱，也不管你作于何种用途，它都愿意给，给谁都愿，给多少都行，这就是水的仁德。它的慷慨，它的胸襟，谁与伦比？此为“与”之善也。这是三。

“言善信”。即其言之善也，近信。“信”，即信实，真实。水之“言”实实在在，它不会巧饰，也不会虚张。泉水叮咚，溪水潺潺，河水哗哗，江水滔滔，波涛澎湃。人们一听水声，便知水量多少，水势大小。其“言”岂不信乎？此为“言”之善也。这是四。

“正善治”。即其政之善也，谓治。“正”同“政”。水利万物，禀性公正、平和，所以它对于许多物质既能调和、糅合，也能化解、消融。犹如为政者，能为百姓增添福祉，处事公平公正，既能调和鼎鼐，整合各种社会势力，也能纾解各类社会矛盾，使社会趋于安定和谐。此为“正”之善也。这是五。

“事善能”。即其为事之善也，曰能。“事”，作动词用，即做事，干事。水之“能”众所周知。水除满足人们日常所需外，还能滋养万物，载舟发电。水还是一种很重要的医药化工原料。等等。如果没有水之“能”，人类将会怎样？整个地球将会怎样？已经不言而喻了。此为“事”之善也。这是六。

“动善时”。即其动之善也，应时。何谓水之动？我以为水之动指的就是行雨。久旱无雨，禾苗枯萎，人们翘首以望云霓，一场豪雨如期而至，人们称之为“甘霖”；春暖花开，万物复苏，需要雨水滋养，一阵小雨随风而至，人们又称之为“知时节”的“好雨”。你看，其“动”之善，岂非时也哉？此为“动”之善也。这是七。

“夫唯不争，故无尤。”这是结论，是全章的总结。由水的善德，我们可以领悟到：一个有品位、有涵养的人，应该具有谦和、退让的美德，不与他人争名争利，争高争大，争贵争荣。做到和而不同，为而无争。各行其道，各尽其能；各得其所，各处其安。为人能够做到那样，那就不会怨天尤人，心态也会平和许多。句中的“尤”，有怨恨，责怪的意思，如“言寡尤，行寡悔”（《论语·为政》）。所谓“无尤”，即既不怨天，也不尤人。

水的禀性柔弱，但品德高尚。为人要是具有这种品德，那么他不论处于什么环境，都能上下和合，左右逢源，把事情做得很好。

第九章

持[1]而盈[2]之，不如其已[3]。揣[4]而锐[5]之，不可常[6]保。金玉满堂，莫之能守。富贵而骄[7]，自遗其咎[8]。功遂身退，天之道。

注释

①**持**：一只手从下托扶。 ②**盈**：充满。 ③**已**：停、止。
④**揣**（chuāi）：藏在怀里。 ⑤**锐**：刺。作动词用。 ⑥**常**：永久。
⑦**骄**：自满的意思。 ⑧**咎**（jiù）：灾祸。

解读

这一章老子告诫我们，对于财富和功名的求取要知足、知止。他这样说——

当一只手从下托扶，并不断往上装东西的时候，还不如把他装东西的手停下来。身藏利器作为防范，但仍无法永久地得到保全。金玉堆满堂室，但仍没办法把它守住，并长久享用。富贵而得意自满，贪图享受，那是给自己留下了祸患。在功成名就、志得意满的时候全身而退，那才是自然的天道。

老子讲的这些话是对那些热衷于功名和富贵的人来说的，并非反对人们正当、正常、合理的追求和理想。他讲得很有道理，不能不让人深思。

“持而盈之，不如其已。”这是一个例子，是一个很形象的比喻。手也好，盛器也好，不管大小，总有装满的时候。装满了怎么办？按老子的办法就是让装东西的手停下来，不要再干了。句中的这个“持”,不是拿的意思,而是用手从下托扶,如《庄子·渔父》:“左手据膝，右手持颐”。(颐：腮、下巴。)

老子的这个比喻自然会让我想起小时候读过的童话故事来。这个故事说，贫困的弟弟在大鸟的帮助下从太阳山上取回了金银财宝，富裕的兄长很眼红，后来也在大鸟的帮助下上了太阳山。他见了满地的金银财宝便拼命地装个不停。大鸟说，快回去吧，太阳马上就要出来了。可是这位贪心的兄长仍无归意。后来大鸟飞走了,这位兄长就这样被太阳烧死了。可见世俗之人欲壑难填，知足而止,实在难哪！《管子·白心》有云:“持而满之,乃其殆也；名满于天下，不若其已也。”(殆：危险。)《左传·哀公十一年》中也说:“盈必毁，天之道也。”可见财富多了，功名大了，未必是一件好事情。

“揣而锐之，不可常保。”这句话似乎有许多省略，所以读起来让人费解。“揣”，是藏在怀里的意思。什么东西藏在怀里？刺人的利器。为什么要在怀里藏匿利器？“锐之”。即在财富遭到抢劫的时候去刺击他人。这里的“锐”作动词用,有刺击的意思。因此整句话的意思就是：把利器藏在怀里，在自己的财富遭到抢劫的时候，去刺击他人，但这样财富仍不能永久地得到保全。这就是巨大的财富给人带来的麻烦。腰缠万贯，引人觊觎，这自然成为一个问题。其实，一个人的财富靠利器来保全，实在是最下策的了。因为这样的防范方式是防不胜防的，它只能保一时，而

“不可常保”。

“金玉满堂，莫之能守。”金玉堆满堂室，你能够永远守护并享用它吗？不能！中国民间俚语有云：郊外荒墩无贫富。就是这句话的注脚。毋庸讳言，金钱是人安身立命的根本，但过多的巨大财富却是人的一种累赘。老子在这里告诫我们不要贪恋财富，因为财富这东西生不带来，死不带去，要知足知止，不要做金钱的奴隶。儿孙也有儿孙自己的福分。

“富贵而骄，自遗其咎。”句中的这个“骄”要注意琢磨，一些人往往会把“骄”和“傲”等同起来，其实两字的意思有所不同：“傲”主要表现在行为上，“骄”则反映在心理上，是一种得意自满的心理状态。因此“富贵而骄”就有志得意满，贪图享受，不思进取的意思。孟子说“生于忧患，死于安乐”《孟子·告子下》，孔子也说“人无远虑，必有近忧”（《论语·卫灵公》）。可见一个人自满而无远略是很危险的，所以老子说“自遗其咎”，是自己给自己留下了祸患。

这自然会让人想起《战国策》中的故事来。

春秋时期，秦攻赵，赵求救于齐。齐国人说，要以赵太后心爱的小儿子长安君为人质。老人家不肯，火了。有位“离岗退养”的老臣知道事情危急，就去见太后。有段这位老臣与赵太后的对话，原文如下：

左师公曰：“今三世以前，至于赵之为赵，赵主之子孙侯者，其继有在者乎？”

曰：“无有。”

曰：“微独赵，诸侯有在者乎？”（微：非。）

曰：“老妇不闻也。”

“此其近者祸及身，远者及其子孙。岂人主之子孙则必不善哉？位尊而无功，俸厚而无劳，而挟重器多也。今媪尊长安君之位，而封之膏腴之地，多予之重器，而不及今令有功于国，一旦山陵崩，长安君何以自托于赵？老臣以媪为长安君计短也。”（《战国策·赵策》）

你看！人家高干子弟“犹不能恃无功之尊，无劳之奉，而守金玉之重”（《战国集·赵策》），更何况是普通百姓的子弟呢？

对于富贵，或尊之，或鄙之。其实，富贵不是一种荣耀，更不是一种享受，而是一种责任，一种担当。如果“富贵而骄”，其后果也就不堪设想。前面故事中，老臣所说的“近者祸及身，远者及其子孙”，大都是由于“富贵而骄”引起的。一些人志得意满，不思进取；贪图享受，缺乏自律。其中一个主要原因或许是富贵来得太容易，即来之不道。有道之士则鄙夷这种未经艰辛和苦寒而得的富贵，所以孔子说：“富与贵，是人之所欲也，不以其道得之，不处也。”（《论语·里仁》）

“功遂身退，天之道。”楚汉争霸已成定局，汉高祖刘邦以谋反罪拘捕了大将韩信，信叹曰：“果若人言‘狡兔死，走狗烹；高鸟尽，良弓藏；敌国破，谋臣亡’。天下已定，我固当烹！”（《史记·淮阴侯列传》）这是事实，但也不尽如此。不过，功成身退，虽是自然的天道，但这是一件很难做到的事，这自然也使我想起汉初张良封侯的事。当时，汉高祖刘邦说：“运筹策帷帐中，决胜千里外，子房功也，自择其三万户。”张良回答说：“愿封留足矣，不敢当三万户。”（留：地名。）当时张良的愿望是“愿弃人间事，欲从赤松子游耳”（赤松子：传说中的神仙），还说：“人生一世间，如白驹过隙，何至自苦如此乎？”（事见《史记·留侯世家》）但是他的愿望最终还是没能实现。至于春秋时期越王勾践的良弼范蠡，功成身退，那是另有隐情，不过他后来也还是累致巨富。其实，富也好，贵也罢，功成是否身退，并不很重要，只要有一种淡泊名利、功成不居、谦退不争的襟怀就可以了。

第十章

载营魄[1]抱一，能无离乎？专气[2]致柔，能婴儿乎？涤除玄览[3]，能无疵乎？爱民治国，能无知乎？天门开阖[4]，能为雌乎？明白四达，能无为乎？

生之畜[5]之，生而不有，为而不恃，长而不宰，是谓玄德！

注释

①营魄：即魂魄，这里指精神。 **②专气**：积聚先天的元气。 **③览**：即鉴，镜子。 **④阖**：同“合”，即闭合。 **⑤畜**：畜养。

解读

在这一章，老子讲修身和治国，他这样说——

精神饱满地抱守大道之德，能使之与自己的身心不分离吗？积聚先天的元气，使之柔顺安和，能像婴儿一样吗？清除内心的污垢，使之明净如镜，能没有瑕疵吗？爱抚百姓，治国理政，能不用智巧吗？人体五官，七情六欲的开启和关闭，能保持寡淡无欲的心态吗？事物已经明明白白，而且在通达无碍的情况下，仍能保持自然无为吗？

能够生化、畜养万物，但生化、畜养而不占有，有所作为而不恃其为，使万物长成却不作它们的主宰，这才是玄妙的德行啊！

全章的重点是“六问”，前“三问”旨在修身，后“三问”意在治国。我们先来看有关修身的三问。

“载营魄抱一，能无离乎？”对于开头的这个“载”字，许多人有不同的解释，简直莫衷一是，有的甚至认为是前一章的最后一字。对此，本人均不敢苟同。我以为这个“载”，就是充满的意思，如《诗经·大雅·生民》：“厥声载路。”（厥：其。）又如成语“怨声载道”、“载歌载舞”，等等，其中的“载”都是充满的意思。“营”有迷惑的意思，如《孙膑兵法·威王问》：“营而离之，我并卒而击之。”因此“营魄”，可以理解为魂魄，指人的精神。所谓“载营魄”，即充满精神，或者说精神饱满。至于这个“一”，一直以来许多人把它理解为“道”。第四十二章说：“道生一”。可见“一”为道所派生，它近于道，但不是道。那么，这个“一”是什么呢？我以为这个“一”就是“德”，即大道之德。“抱一”，就是抱守大道之德。况且在本章的最后一席话中，老子所颂扬的就是大道之德。这样全章首尾呼应，思想内容浑然为一。因此本章首句的意思就是：精神饱满地抱守大道之德，能使之与自己的身心不分离吗？按我们今天的习惯用语就是要有理论自信，坚信大道之德是修身治国的最高准则。

“专气致柔，能婴儿乎？”“专”，即专一，这里有积聚、集聚的意思。从这个意义说，“专”，同“抟”（读 tuán，捏聚之意）。因此全句的意思就是：积聚先天的自然元气，使自身达到柔顺安和，能像婴儿一样吗？老子在许多地方都把婴儿那样柔顺安和的自然状态作为身心养护的最高境界，足见积聚先天的自然元气，做到像婴儿那样无邪无欲，至真至朴，对于一个人的身心养护和自身修炼是多么重要。老子常常拿婴儿说事，就是因为婴儿是人之始，或人之“朴”，在婴儿身上体现着无邪无欲，纯真自然的品性。

“涤除玄览，能无疵乎？”“览”，即看，有“鉴”的意思，在作名词用的时候，就是镜子。“玄览”，即玄妙的镜子。因此全句的意思用现代汉语来表达就是：清除内心的污垢，使之明净如镜，能没有瑕疵吗？就是说，通过修身，最后使心灵达到明净如镜，无瑕无疵，并以此观照天地万物。因为修身只有达到这种境界，才能做到对功名、利禄、金钱、美色寡淡无欲，处事才能公平、公正，充分体现天道，由“无为”而无不为。修身有成，则能治国安民。

综上所述，前“三问”其实就是道家修身的三个过程：“抱一”→“专气”→“玄览”。即抱守大道之德，做到像婴儿那样无邪无欲，至真至朴，从而使心灵达到无瑕无疵、明净似镜的境界。

下面我们再来看治国“三问”。

“爱民治国，能无知乎？”句中的“知”同“智”，有智巧、权术的意思。因此这话的意思就是：爱抚百姓，治理国家，能不用智巧吗？换言之，治国理政不能凭智巧或玩弄权术来愚弄百姓，欺骗天下。因为施行智巧或玩弄权术只不过是一种应付，不是解决问题的根本之道，而只会失信于民，成为致乱的祸根。治国方略以爱民、安民为本。本乱，则祸乱无日矣。老子在第五十七章中说：“以正治国。”就是说，要以合乎常规、常理之正道来治理国家。做到言而有信，行而有果。实事求是，面对现实；克服困难，解决问题。只有这样，国安民安，天下遂安。所以老子说：“以智治国，国之贼；不以智治国，国之福。”（第六十五章）

“天门开阖，能为雌乎？”“天门”，指的是人体的五官和“七情六欲”之门,因为这些“门”与生俱来,故为“天门”。句中的“阖”,即“合”,闭合。“雌”,意即胆小、谨慎,这里有寡淡之意。因此整句话的意思就是,人体五官和七情六欲的开启与关闭,能保持寡淡无欲的心态吗?因为只有这种严格的自律意识,才能使为政者保持无贪寡欲,清廉自守,保证处事的公平和公正。

“明白四达,能无为乎?”就是说,事物已经明明白白,而且在通达无碍的情况下,仍能保持自然无为吗?一般说来,对于“明白四达”的事物,往往认为很有把握,因此急于跃跃欲试,凭经验或随自己的意志,恣意而为。老子认为不应该这样,仍应保持自然无为,让这些“明白四达”的事物继续自然演化,然后因时、因机,循道顺德而为。因为这样做才合乎道。

这治国“三问”告诉我们,为政者应该做到“无知”、“为雌”、“无为”。即不凭权谋,清廉自守,自然无为,才能够“爱民治国”,普济苍生。

下面让我们再来看老子说的最后一席话。

“生之畜之,生而不有,为而不恃,长而不宰。是谓玄德!”即是说,大道生化、畜养万物,但生畜而不占有,有所作为而不恃其为,使万物长成而不作它们的主宰。——这就是大道之德。天下君王应该抱守的就是这种大德,即本章首句所说的“抱一”,所以老子发出了“是谓玄德”的感叹。这种大德之所以“玄”,就在于它不存在功利之欲。老子在这里隐喻天下君王应该效法天道,使人道与天道高度统一。

从这一章中我们可以看出,老子的修身、治国要求和儒家的“修身”、“齐家”、“治国”、“平天下”的内容尽管有诸多不同,但道德标准都是相同的,那就是“爱民治国”,必须清廉自守,无私大公,不图功利。

第十一章

三十辐[1]共[2]一毂[3]，当其无，有车之用；埏埴[4]以为器[5]，当其无，有器之用；凿户牖[6]以为室，当其无，有室之用。故有之以为利[7]，无之以为用。

注释

①**辐**：即辐条，车轮上连接轴心和轮圈的木条。 ②**共**：同。③**毂**（gǔ）：轮子中心的园木，可以插轴的地方。 ④**埏埴**（shān zhí）：抟和泥土，即制陶。 ⑤**器**：器物。这里是指陶制品。 ⑥**户牖**：即门窗。户：单扇的门，这里泛指门；牖（yǒu）：窗户。 ⑦**利**：好处。

解读

老子主张一物多用，物尽其用。所以在这一章他这样说——

把三十根辐条同插在一个轮毂上，就成了一个轮子，这个轮子在没有确定用途的时候，可以用来制造各种各样的车；抟和黏土，烧制成各种器物，这些器物在没有确定用途的时候，可以作各种盛器使用；在墙上开凿门窗，就成了一个舍室，这个舍室在没有确定用途的时候，可以作各种舍室使用。所以世间万物就是这样，在有了确定的用途的时候，可以给人们带来许多好处；在没有确定的用途的时候，可以给人们带来许多用处。

这就是老子在本章中所说的全部意思。

在学习这章时，有两个非常关键的字必须弄清楚，这就是“无”和“有”。在《老子》的许多版本中，都把“无”和“有”解释得非常抽象，甚至有些虚玄和荒诞。究其原因，我以为都因未能得其旨。那么，其旨何在呢？其旨就在主张一物多用，物尽其用。——这就是我开始时所说的。

现在，就让我们回到问题的焦点上来。

那么，什么是“无”和“有”呢？其实“无”和“有”，是根据“物”有否发挥实际作用（或效用）而言的。即是说，这个“物”是否有了确定的实际用途，这个“物”所发挥的实际用途（或功能）就是这个“物”之“名”。本章中所说的“无”，指的是在没有确定的实际用途的时候，即“无名”的时候；“有”，指的是在有了确定的实际用途的时候，即“有名”的时候。简言之，“无”，就是无名；“有”，就是有名。这就是说，“无”和“有”，就是“无名”和“有名”的省略。

我在第一章就曾经讲过，“名”在道家的哲学体系中是一个非常重要的概念，它是相对于“实”而言的。也就是说，“名”是因“物”实际发挥的作用或功能而定的，这就叫名副其实，或者说名实相符。譬如，我桌子上有件园筒形的器具（器具不是它的名），当插上花的时候，这个器具之名就是花瓶；当插上笔的时候，这个器具之名就是笔筒。（这就是开篇第一章所说的“名可名，非常名”。）文中“埏埴以为器”、“凿户牖以为室”，其中的“器”、“室”都不是它们的名，只是一个普通的器物和舍室而已，它们的名是在有了确定的实际用途之后才有的。

在弄清楚了上述这些问题之后，我们对全章的理解就会方便多了。下面我们不妨再慢慢予以研读。

“三十辐共一毂，当其无，有车之用。”把三十根辐条同插在一个轮毂上，就成了一个轮子。这个轮子，在其无名的时候，即在它尚无确定的实际用途的时候，可以用来制造各种各样的车辆，有单轮的、双轮的、三轮的、四轮的，如手推车、手拉车、马车、战车和装载各种军需物资的军车，等等。所以才有“无”和“有”之分。

“埏埴以为器，当其无，有器之用。”抟和黏土，烧制成各种器物，这些器物，当其无名，即在没有确定的实际用途的时候，可以作各种盛器使用，如缸类的可以作水缸、米缸；瓮类的可以作酒瓮、菜瓮；等等。

“凿户牖以为室，当其无，有室之用。”在墙上开凿门窗，就成了一个舍室。这个舍室，当其无名，即在没有确定的实际用途的时候，可以作为各种舍室使用，如卧室、厨房、车间、仓库，等等。

“故有之以为利，无之以为用。”这是根据前三例发出的议论。世间万物，当有名，即在有了确定的实际用途的时候，能给我们带来许多好处；当无名，即在没有确定的实际用途的时候，可以给我们带来许多用处。这就是世间万物给人们带来的“利”和“用”。在这里，老子把我们今天现代汉语中的“利用”一词分开使用。

老子在这一章中讲的一个中心就是主张一物多用，物尽其用，万物皆有所用。这就是本章的旨意所在。这和道家注重节俭的精神是相一致的，如老子在第二十七章中说，圣人“常善救物，故无弃物”，在第五十九章中说：“治人事天，莫若啬。”

我国有遍布全国的高速公路网，临战时，这些高速公路的许多路段略经改造以后，可以供军用飞机或民航客机的临时起降。

我国东南沿海的海面上有许多石油钻井平台，这些钻井平台经拆卸、改造以后，在战时可以供军用直升机的临时起降，起到一个停机坪和小码头的作用。2015年，我国正式颁布了《新造民船贯彻国防要求技术标准》。数年以后，我国的集装箱船、滚装船、散货船和客轮等大型民船，一旦战争爆发，就可以组成第二海军，在战略力量投送、后勤保障和支援方面起到巨大的，甚至扭转乾坤的作用。这就是今天的高速公路、海洋石油钻井平台和大型民船给我们带来的利和用。

第十二章

五色令人目盲，五音令人耳聋，五味令人口爽[①]。驰骋畋猎[②]，令人心发狂；难得之货，令人行妨[③]。是以圣人为腹不为目，故去彼取此。

注释

①爽：败坏，损伤。 **②畋**（tián）**猎**：打猎。 **③行妨**：品行受到伤害。妨：伤害，损害。

解读

纵情于声色犬马，沉溺于美味珍馐，陶醉于奇花异石，这就是当时的封建君王及上流社会的生活现实。那么，老子是怎么看待这种生活的呢？他这样说——

五彩缤纷，会使人头晕目眩；五音纷嘈，会让人听觉迟钝；五味珍馐，会叫人胃口大损；驰骋畋猎，会让人意驰心狂；难得之货，会诱人品行不端。正是因为这样，圣人的要求只是为了填饱自己的肚子，而不是为了耳目的愉悦，所以他总是摒弃那种穷奢极欲而宁取这种仅能果腹的恬淡生活。

老子的这些话反映了事物的两面性，也表达了他对封建上流社会那种放荡不羁的腐朽生活的不满。下面让我们再作些分析和品读。

“五色令人目盲”。这个“盲”，在这里不是瞎的意思，它有昏暗之意，如“旦暮晦盲”(《荀子·赋篇》)。因此所谓“目盲”，就是头晕目眩的意思。这样整句话的意思就是：五彩缤纷，光怪陆离，会使人眼花缭乱、头晕目眩。

“五音令人耳聋”。这个“聋”，也并不是耳朵听不见，而是听觉麻痹、迟钝。即是说，五音纷嘈，丝竹乱耳，会让人双耳麻痹，听觉迟钝。

“五味令人口爽”。“爽”，是败坏的意思，如“厉而不爽”(宋玉《招魂》)。因此全句的意思就是，美味珍馐，玉液琼浆，会让人胃口损伤。

“驰骋畋猎，令人心发狂。”“畋猎”就是打猎。即为寻求刺激和快乐，去追捕猎物。策马扬鞭，纵情驰骋于旷野山林之中，会令人意驰心狂。

“难得之货，令人行妨。”“难得之货”，即为不易得到的贵重之物，如奇花异石，各类珍宝。这些都会招人觊觎，诱发人的不端行为。“行”，指的是品行，如“故夫知效一官，行比一乡”(《庄子·逍遥游》)。“妨”，即损害，如“不以自妨也”(《荀子·解蔽》)。“令人行妨”，就是使人的品行受到损害，意即诱发盗窃、抢劫之类的不端行为。

“是以圣人为腹不为目，故去彼取此。”正是由于以上这些原因，圣人要求的只是温饱而不是耳目的愉悦，所以他总是摒弃那种穷奢极欲而宁取这种淡泊恬静的生活。

在第十章，老子曾经这样说：“天门开阖，能为雌乎？”他把一个人的五官和七情六欲的开启与关闭能否做到寡淡无欲、清净自守作为爱民治国一个重要的道德要求。在这一章里，老子所揭露的封建统治者的穷奢极欲已经与爱民治国的道德要求背道而驰，说明人的欲望太多，欲壑难填。为赏耳者，有琴瑟箫鼓，韶虞之乐；为悦目者，有翠凤之旗，锦绣之饰；玩好者，有昆山之玉，随和之宝，明月之珠，夜光之璧，犀象之器。更有千里游遨，冠盖相望，或“终日驰骋，劳神苦形；罢车马之用，抏士卒之精；费府库之财，而无德厚之恩；务在独乐，不顾众庶；忘国家之政，贪雉兔之获”（司马相如《上林赋》）。封建统治者力求满足的欲望是为了寻求快乐，但结果适得其反：“五色令人目盲，五音令人耳聋，五味令人口爽。驰骋畋猎，令人心发狂；难得之货，令人行妨”。这就是事物的两面性。

纵情的欢悦和享受，不仅浪费资源，也使自己的事业一事无成，更使自己的身心受到摧残。西汉枚乘所写的《七发》也说：“纵耳目之欲，姿支体之安者，伤血脉之和。且夫出舆入辇，命曰蹶痿之机；洞房清宫，命曰寒热之媒；皓齿蛾眉，命曰伐性之斧；甘脆肥脓，命曰腐肠之药。”事物的两面性就这样清楚地摆在我们面前。一个志趣高洁、涵养深厚的人，不能不思，也不能不察。一切过分的追求和非分的享受，其实都是罪孽，对自己、对子孙都没有好处。“唯江上之清风，与山间之明月，耳得之而为声，目遇之而成色，取之无禁，用之不竭”（苏轼《前赤壁赋》）。吾辈子孙，一切有人生抱负的青年才俊，一切从政的、治学的、搞科研的有志人士，当甘守宁静淡泊的生活，“食无求饱，居无求安，敏于事而慎于言”（《论语·学而》）。这样的人沐天地之清风，养浩然之正气，他们的道德风范才让人“高山仰止，景行行止”（《诗经·小雅·车辖》）。

第十三章

宠辱若惊，贵[①]大患若身。

何谓宠辱若惊？宠为下[②]。得之若惊，失之若惊，是谓宠辱若惊。

何谓贵大患若身？吾所以有大患者，为吾有身，及吾无身，吾有何患？

故贵以身为天下，若[③]可寄天下；爱[④]以身为天下，若可托天下。

注释

①**贵**：看重。 ②**宠为下**：一些传世本为"宠为上，辱为下"。 ③**若**：第二人称代词，你。 ④**爱**：珍爱。

解读

如何看待荣辱、大患，反映一个人的人生态度，更体现一个人的襟怀和人格修养。老子这样说——

受宠和遭辱都似乎感到震惊，看重大难如同危及自己的性命。

为什么受宠和遭辱都似乎感到震惊呢？这是因为世俗之人没

有认识到受人宠信其实是一件很糟糕的事。所以才会得到了它们似乎震惊，失去了它们也似乎震惊。这就是所谓受宠和遭辱似乎同样震惊。

为什么看重大难如同危及自己的性命呢？我之所以有大患，无非是因为我有自己这条性命，要是到了我无所谓这条性命，那我还有什么大患大难呢？

由此看来，一个看重天下犹如看重自己性命的人，你可以把天下交给他；一个珍爱天下犹如珍爱自己性命的人，你可以把天下托付给他。

这就是老子对荣辱、大患的态度和正气凛然的回答！

下面让我们再作些研读和分析。

“宠辱若惊，贵大患若身”。这是本章开门见山提出的两个问题，当然也是本章议论的中心，它应该是流行于当时士人中常说的两句话，也反映了士大夫阶层中大部分人患得患失的人生态度。那么是什么原因把宠辱看得那么重呢？又是为什么会有人害怕大患大难呢？老子在下面分别作了正确的分析和义正词严的解答。

“何谓宠辱若惊？宠为下。得之若惊，失之若惊。是谓宠辱若惊。”对于老子的这句话，有些地方很难理解。为什么“宠为下”？因为在道家看来，受人宠信未必是件好事，甚至是件很坏的事，如同优质木材被人看中一样，“未终其天年而半道夭于斧斤”（《庄子·人间世》），也如同一头肥育的猪一样，给它“优待”的时候，屠宰已被提上“议事日程”了。其实，“宠”和“辱”是互为依存的，人有受宠之时，或许会有遭辱之日，即“祸兮，福之所倚；福兮，祸之所伏”（第五十八章），而一般世俗之人由于缺乏这样的思想涵养，只觉得宠为上，辱为下，而没有认识到“宠为下”，即受人宠信是件很糟糕的事，同此才有“得之若惊，失之若惊”，即宠则惊喜，辱则惊惧。

在老子看来，人是不应该把宠辱看得太重的。无论进退、去留，都应该置之度外，更不必为求荣求宠而丧失自己的人格和尊严。当然也不必为羞辱而无地自容，可以淡然一笑了之。明代的汤显祖曾说："人生精神不欺，为生息之本，功名即真，犹如梦影，况伪者乎。"（《答李宗诚》）无论进退，还是去留，始终做到襟怀坦荡，气度宽宏。宠辱不惊，闲看庭前花开叶落；去留无意，漫随天外风舒云卷。其实，人应该有充分的自由，切不可为宠辱所羁束。世人之所以"宠辱若惊"，那是因为把宠辱看得太重，为宠辱所羁束的缘故。

"何谓贵大患若身？"这个"身"有自身性命的意思，因此直译就是，什么叫作看重大患大难如同危及自己的性命？意即为何会把大患大难看重得如同危及自己的性命呢？那无非是因为担心自己这条性命，即把自己的性命看得太重要了。

"吾所以有大患者，为吾有身，及吾无身，吾有何患？"我之所以有大患，无非是因为我有自己这条性命，要是到了我无所谓这条性命，那还有什么大患呢？换言之，一个人在危难时刻，在事关国家、事关民族、事关人民时，可以把命都豁出去，大患何惧！这是何等的大丈夫气概！在这种大彻大悟之言中，我们似乎领略到了铮铮道骨，也让我们的心灵为之震撼。这种得失不在己，忧患不为身，置个人生死于度外的气概和担当，不禁使我再次记起清代名臣林则徐的话："苟利国家生死以，岂因祸福避趋之"。道家向来轻物重生，"不以天下大利易其胫一毛"（《韩非子·显学》），但是老子在这里作了惊世骇俗的发挥，让我们的心灵得以洗涤，也使我们的人生境界得到了升华。

"故贵以身为天下，若可寄天下；爱以身为天下，若可托天下。"

这是全章的总结性话语。句中的“贵”、“爱”都作动词用，有“看重”、“珍爱”的意思，“寄”、“托”都有“托付”的意思。这结尾的两句话意思其实相同，但分别用意义相同的两个不同的词来表达，起到了灵活多变，加强语气的作用，也增强了语言的表达效果。老子认为，人的健康、生命是最宝贵的。因此，一个看重、珍爱得能为国家的安危、民族的存亡、人民的福祉而以身相许的人，你可以把江山社稷都托付给他。

在这一章，我们似乎领略到了得道圣人的那种宠辱不惊、大患不惧和以身许国的大气概、大担当。他们的浩然正气可以动天地，泣鬼神，惊世人！

第十四章

视之不见，名曰夷[①]；听之不闻，名曰希[②]；搏之不得，名曰微[③]。此三者不可致诘[④]，故混而为一。其上不皦[⑤]，其下不昧[⑥]，绳绳[⑦]不可名，复归于无物。是谓无状之状、无物之象，是谓惚恍[⑧]。迎之不见其首，随之不见其后。

执古之道，以御今之有。能知古始，是谓道纪。

注释

①**夷**:削平,铲除。这里有除灭,近于无形的意思。 ②**希**:同“稀”。③**微**:即细微,近于无物。按:此句一些传世本为“抟之不得,名曰微”。④**诘**（jié）：责问，追问。 ⑤皦（jiǎo）：明亮。按：马王堆帛书本在“其上不皦”前，有“一者”二字。 ⑥**昧**：昏暗。 ⑦**绳绳**（**读** mǐn mǐn）：无边无际，非常渺茫的样子。 ⑧**惚恍**：模糊不清。

解读

这是继第四章、第六章之后，再次讲道的特征、作用和由来，它是《老子》中最难理解的篇章之一。现在我们先把文句读通。

在这一章，老子这样说——

视而不见，谓之无形；听而不闻，谓之无声；抓而不得，谓之无物。这三者不可深究，故可以合而为一个事物。这个事物，它的上部不明亮，下部也不昏暗。它无边无际，渺茫得难以名状，似乎回复到了无物的原始状态。这是一个无形之状、无物之象，它若有若无，模糊不清。正是因为这样，迎着它看不见头，跟着它看不清后。

秉持这个古始以来就存在着的道，就能管控当今天地、宇宙间的一切事物。能够知道天地、宇宙的本始，那才算是弄清了大道的由来。

这样读下来，似乎觉得道是一个若明若暗，若有若无的东西(其实，并不是一个东西)。道是超乎形象的，它不是万物之一物，因此无法用确切的语言文字来描述它。就本章来说，要读懂、读通并理解它，还得从一些关键词开始。

“视之不见，名曰夷。”“夷”，即消灭、铲除。这里有除灭，近于无形的意思。因此全句的意思就是：要看看不见，谓之无形。

“听之不闻，名曰希。”“希”同“稀”，指声响稀少，近于无声。全句的意思就是：要听听不到，谓之无声。

“搏之不得，名曰微。”“搏”有捕捉，抓取的意思。“微”，即细微，近于无物。全句的意思就是：要抓抓不住，谓之无物。(按：有些传世本前半句为“抟之不得”。我疑“抟”为“搏”之误。因为“摶”的字形似“搏”，简化汉字为“抟”)。

“此三者不可致诘，故混而为一。”前面已经说了，道的特征是无形、无声以至无物。这里说了，此三者无法深究，所以只能合而为一个事物。当然可以体悟出来，这个事物就是“道”。(但不能误认为句中的这个“一”，其意义就是“道”。)

道，有形态吗？当然没有！请看下面说的。

"其上不皦，其下不昧，绳绳不可名，复归于无物。是谓无状之状、无物之象，是谓惚恍。"它该亮的地方不亮，该暗的地方不暗，而且无边无际，绳绳不可名状，似乎回复到了无物的原始状态。这里的"绳绳"，是连续不断，没有边际的意思，如"宜尔子孙绳绳兮"(《诗经·周南·螽斯》)。道之"绳绳不可名"和第六章说的"绵绵若存"，其实是同一个意思。意即道大无边，而且是永恒的。道是一个抽象的意涵，它可以悟得，却难以言说，所以它是一个"无状之状、无物之象"，自然会觉得它无边无际，恍恍惚惚，模糊不清，所以才有"迎之不见其首，随之不见其后"的感觉。正因为如此难以名状，所以才有"道隐无名"（第四十一章）之说，其实"道"这个名也是无名之名，它只是一个代号而已。

老子对道那种如虚似玄的艺术描述，我以为是他对世间万物矛盾性认识的体现。矛盾的对立和统一，其理论意涵的抽象、深刻和奥妙，正是他如虚似玄般描述的主要原因。

"执古之道,以御今之有。"句中的"执"有"握""持"的意思，"御"即驾驭，控制，如"振长策而御宇内"（贾谊《过秦论》）。所谓"执古之道，以御今之有"，即凭着这个古始以来就有的道，就可以管控当今的一切事物。意即道的理论对于当今的一切事物都管用，或者说运用道的理论可以解释当今的一切事物。足见道的理论作用之大。所以老子在第四章中说"道冲,而用之或不盈"。

"能知古始，是谓道纪。"意即只有知道了天地宇宙的形成，才算是弄清了大道的由来。可见道的理论是伴随着天地、宇宙的形成而产生的。当然也可以从另一个角度理解，即道的理论可以解释天地、宇宙的形成，或者说道的理论涵盖了天地乃至宇宙的形成。足见道的理论的宏富博大及其渊源之深。老子对于道的描述尽管有些玄，不过当你懂得了如上所说的意涵以后，还是可以理解其中的奥妙的。

结尾一句中的这个“纪”字很重要，它的本义是丝的头绪，如“譬若丝缕之有纪，网罟之有纲”(《墨子·尚同上》，罟 gǔ：网)。因此“纪”，在这里可以解释为由来。“道纪”，即大道是怎么来的。有的人把“道纪”理解为“道的纪纲”、“道的规律”，这就有失偏颇了。

读到这里，道的特征、道的作用和道的渊源已经很清楚了。接下来我们去看看《楚辞·天问》中有关天地形成的描述：

遂古之初，谁传道之？上下未形，何由考之？
冥昭瞢暗，谁能极之？冯翼惟象，何以识之？
明明暗暗，惟时何为？阴阳三合，何本何化？

到此，你不难发现道的特征和天地的形成是何等相似。可见，在古代哲人的认识中，道与天地同在，至于道是怎么来的，得先知道天地是怎么形成的，“能知古始，是谓道纪”。不过这个牛角尖儿我们现在不去钻。

我在第六章曾经说过，天地乃至宇宙的形成是一个自然而然的演化过程，并将继续这样演化下去。其实，世间的一切事物又何尝不是这样以自然而然的形式在演化，并将继续这样演化下去呢？而“尽稽万物之理”(《韩非子》卷六)的那个道，不也就是一个自然而然的过程吗？当你领悟到了这一点，就会觉得老子对道的那种如虚似玄的描述另有一番奥妙所在。

第十五章

古之善为士[1]者，微妙玄通，深不可识。夫唯[2]不可识，故强为之容[3]：豫[4]兮，若冬涉川；犹兮，若畏四邻；俨[5]兮，其若客；涣[6]兮，若冰之将释[7]；敦[8]兮，其若朴；旷[9]兮，其若谷；混兮，其若浊。

孰[10]能浊以止，静之徐清？孰能安以久，动之徐生？保此道者不欲盈。夫唯不盈，故能蔽而不成[11]。

注释

①**士**：同“仕”，即做官。按：此句帛书乙本为“古之善为道者”。②**唯**：由于，因为。　③**容**：作动词用，有描述之意。　④**豫**：即犹豫，下一句“犹”字亦然，这里都有小心、谨慎之意。　⑤**俨**：庄重的样子。　⑥**涣**：离散。　⑦**释**：融化，分解。　⑧**敦**：诚实，厚重。⑨**旷**：空阔，旷达。　⑩**孰**：文言代词，什么，怎么。　⑪**蔽而不成**：一些传世本为“蔽而新成”

解读

在这一章，老子向我们描述了一位古代善于从事国政的得道之士的为人与品质。他是这样说的——

古代善于从事国政的人，他思想微妙，方法玄通，让人觉得高深莫测。正因为如此，所以只能勉强地描述他是一个怎么样的人：他处事谨慎，好像冬天过河，如履薄冰；他谨小慎微，好像害怕他的四邻；他举止庄重，好像是位尊贵的客人；他舒坦释然，好像正在消融、化解的坚冰；他诚实厚重，看上去显得十分质朴本真；他心胸旷达，虚怀若谷；他小事糊涂，好像一点都不聪明。

怎能制止社会混乱的局面，使之像浑浊的水一样静止下来，然后慢慢变清？又怎能使国家长治久安，并通过顺应自然的变动，使之慢慢焕发生机？他总是保持这样一种治国之道，不求事情的完满、完善。正是由于不求完满、完善，所以他的政绩隐而不显，名无所成。

至此，我们似乎可以大致了解这位古代善于治理国家的大政治家的为人和品质了。下面让我们再来仔细品鉴这位高人的为人为事。

“古之善为士者，微妙玄通，深不可识。夫唯不可识，故强为之容。”句中的“士”，同“仕”，有做官的意思。这位善于治理国政的得道之士，行事风格“微妙玄通”，使人感到高深莫测。所谓“微妙”，即其谋虑精深，行为和意图常人难以理解；所谓“玄通”，即其处事方式及行事之顺畅，令常人吃惊。这位高人如此高深莫测，所以只能“强为之容”，即勉强地为他描述一下。这个“强”有勉强，强而为之的意思。“容”，作动词用，有描述之意。这位大政治家的特征和品质可以由七个字来概括，即“豫”、“犹”、“俨”、“涣”、“敦”、“旷”、“混”。下面让我们逐一予以解读和分析。

“豫兮，若冬涉川。”他处事十分谨慎，好像冬天过河，如履薄冰。“豫”即犹豫，这里有谨慎小心的意思。

“犹兮，若畏四邻。”他谨小慎微，好像害怕他的四邻。“犹”，同前一句的“豫”意思相同。所谓“若畏四邻”，即似乎有谨慎得胆小怕事的样子。

“俨兮，其若客。”他平时稳重端庄，好像是位尊贵的客人。“俨”，即稳重、庄重的样子，如“望之俨然，即之也温，听其言也厉”（《论语·子张》）。

“涣兮，若冰之将释。”他闲暇的时候舒坦释然，好像坚冰融化离散那样。“涣”即离散。“释”，这里有分解、散开之意。整句话是指卸去重荷或闲暇时的那种舒坦、释然的状态。

“敦兮，其若朴。”他诚实厚重，看上去显得非常质朴本真。这个“敦”即敦厚，有诚实厚重的意思。

“旷兮，其若谷。”他心胸豁达，好像空旷的山谷一样。“旷”即旷达，豁达。

“混兮，其若浊。”他小事糊涂，好像一点都不聪明。“混”，即混然不分彼此，这里有随随便便、不计较的意思。“浊”即浑浊，与清相对，句中有不精明、不刁钻的意思。

这就是老子笔下那位“古之善为士者”的为人和品质，其形象似乎赫然在目。那么他的治国方略又是怎样的呢？请继续听老子说的。

“孰能浊以止，静之徐清？孰能安以久，动之徐生？”这是两个设问句：怎能制止社会混乱的局面，使之像浑浊的水一样静止下来，让它慢慢变清？又怎能让国家长治久安，并通过顺应自然的变动，使它慢慢焕发生机？“古之善为士者”平时就是围绕着这两个问题来思考、谋划他的治国之策的。

“保此道者不欲盈。夫唯不盈，故能蔽而不成。”此两句各种版本不一，本书从帛书《老子》隶本和北大汉简本，但对它的解释仍见仁见智。所谓“保此道者”，即保持前面说的治国之道：浊者，

“静之徐清”；安者，“动之徐生”。“不欲盈”，根据前面的语意，我以为就是不求事情的完满、完善，（“盈”，在这里有完满、完善的意思，并无自满之意。）即不急于求成，不好大喜功，而是在施政过程中不断地进行“微调”。当然这个过程是一个十分缓慢渐进的过程，如同中医治病，对处方不断进行调整，见效十分缓慢一样。正因为“善为士者”做事不求完满、完善，不好大喜功，所以成效缓慢，他的政绩也因此隐而不显，名无所成。这就是所谓“夫唯不盈，故能蔽而不成”。其实，这就是第三十四章说的“功成不名有”的大道之德。道家认为，一个善于从事国政的人总是“善行无辙迹”（第二十七章），他做事遁道顺德，如日月经天，无痕无迹，也犹如天地化育万物，日见其长，却不见其长。由于成效缓慢，所以政绩不彰，他的名分“蔽而不成”。

综上所述，这位善于治国理政的大政治家的治国方略是，为让一个混乱的局面安定下来，不是采用强制和暴力，而是以“静”的方式，犹如污泥浊水，让其自然澄清。当然，“静”，需要时日，更需要各种方法和措施的配合。为让一个安定的社会焕发生机，不是大刀阔斧地变革，而是一个“动”字，即因循自然，因时而动；顺应民意，因事而动。从而使一个长治久安的社会充满活力而有生机。这一“静”一“动”充分体现了这位大政治家原则性和灵活性的高度统一，又由于他不求事情的完满、完善，因而他的政绩蔽而不显，名无所成。

至此，我们似乎已经领略到了老子笔下的这位“深不可识”的“善为士者”治国理政“微妙玄通”的韬略。他心胸豁达，品性温良；处事谨慎，行事平和。他不是一位大刀阔斧、雷厉风行的改革家，而是一位涵养深厚、为人谦恭的大政治家。他既是道的化身，也体现了道的力量。

第十六章

致虚极[1]，守静笃[2]。万物并作，吾以观复。夫物芸芸[3]，各复归其根。归根曰静，是谓复命。复命曰常[4]，知常曰明。不知常，妄作，凶。知常容，容乃公，公乃王[5]，王乃天，天乃道，道乃久。没身不殆[6]。

注释

①**极**：尽头，极点。 ②**笃**：深，甚的意思。 ③**芸芸**：众多的样子。 ④**常**：即常规、常理。它有普遍、永久的意思。 ⑤**王**：即王道。 ⑥**没身不殆**：终生不会遭遇危险。没：沉没，淹没。没身，有终生的意思。

解读

诸葛亮说："非宁静无以致远。"（《诫子书》）换言之，一个人在宁静的时候，他的思虑是可以很深很远的。早于诸葛亮近千年的老子也这样认为，他说——

当心灵虚空到达极点，保持宁静的状态到达极其深沉的时候，我似乎看到了万物的繁生蕃长，也因此得以看到它们的循环往复。万物尽管纷繁众多，但最终都各自回归到它生命的本原。回归到生命的本原，那是生命的一种静止状态，这种生命的静止状态又孕育了新的生命。这就是万物的常规、常理。懂得这个常规、常理，才称得上自己有所明白。不懂得这个常规、常理，胡作妄为，则将会遭遇凶险。懂得这个常规、常理就能包容万物，能包容万物就能坦荡公平，坦荡公平就是王道，王道就是天理，天理就是道，道就能久长，这样就终生不会有灾殃了。

这就是老子对自然规律的认识，并由天道推及到了人道。下面让我们再作些分析和解读。

“致虚极，守静笃。万物并作，吾以观复。”“极”，即极点。“笃”，即深、甚。“虚极”、“静笃”，既无杂念之扰，也无私欲之蔽，心澈如水，因此才得以仰观天地，俯察万物。由万物的勃发和繁生蕃长，才得以看到它们由萌芽、长成、开花、结实，然后再回复到原来的初始状态这样一种往复循环以至无穷的过程。这个“复”有往复、返回来的意思。

“夫物芸芸，各复归其根。归根曰静，是谓复命。”万物尽管众多,但最终都各自回归到它生命的本原,即所谓“各复归其根”。这个“根”指的就是生命的本原、本根。这个生命的本原、本根，对植物来说就是它的种子，而种子就是生命的一种静止状态，所以说“归根曰静”。因其孕育着新的生命，所以“是谓复命”。这样说来，这万物似乎就是植物。其实整个生物界都是如此，只不过循环往复的层次高低不同，过程繁简不一而已。

“复命曰常，知常曰明。不知常，妄作，凶。”在这里，老子把普遍、永恒不变的自然规律叫作“常”，即常规、常理。万物“各复归其根”，并由“静”到“复命”就是一种“常”。正是由于这条规律，整个自然界才“夫物芸芸”，生机勃勃，生生不息。懂得这样一条规律才称得上自己有所明白（即所谓“知常曰明”）。

不懂得这条规律，胡作妄为，那就会招致灾殃。仍以植物为例，植物形成的植被有涵养水源、保护水土的作用，同时也给人们以衣、食、住、行之利，假如胡砍滥伐，不让其“复命”，反“常”而行，则生态破坏，野生动物失养，人类将遭没顶之灾，岂不“凶”乎？这就是近三千年前的哲人对今人的告诫。

“知常容，容乃公，公乃王，王乃天，天乃道，道乃久。没身不殆。”这是六个递进式的分句。就这样，老子的议论便由天理转入了人道。懂得世间万物能够“归其根”，并由“静”到“复命”这样一条普遍而永恒的自然规律（即所谓“知常”），那就能够包容万物（“知常容”）；有了这样一种包容万物的器识和雅量，就会显示公理正道（“容乃公”）；有了这种公理正道，那就体现了王道（“公乃王”）；施行王道，那就顺应了天理（“王乃天”）；爱民治国能够体现天理，这就合乎了“道”（“天乃道”）；合乎了“道”，功业就能久长（“道乃久”）。这样就“没身不殆”，一辈子也不会有危险了。

老子在这里告诫人们立身行事应该“知常”，即要懂得自然的常规、常理，并按这个常规、常理，顺德而行，才能体现公理正道，合乎天道，这样一辈子就不会有灾殃。

第十七章

太上[①]，下知有之；其次，亲[②]而誉之；其次，畏之；其次，侮[③]之。信[④]不足焉，有不信[⑤]焉。

悠[⑥]兮，其贵[⑦]言。功成事遂[⑧]，百姓皆谓我自然。

注释

①**太上**：至上，最上等的。 ②**亲**：热爱。 ③**侮**：轻慢，蔑视。 ④**信**：诚信。 ⑤**信**：信任。 ⑥**悠**：悠闲自在。 ⑦**贵**：重，看重。 ⑧**遂**：成就，实现，顺利地做成。

解读

老子把古往今来的国君分为四等。他是这样分的——

最上等的国君，是天下百姓只知道有他的存在；次等的国君，是天下百姓热爱他，称颂他；下等的国君，是天下百姓害怕他；最下等的国君，是天下百姓蔑视他。因为国君诚信不足，所以百姓不信任他。

最上等的国君好悠闲自在啊！他非常看重自己的言语，总是言而有信，行而有果。因此，大功告成，大事作成，百姓都说“我很自然”。

知屋漏者在宇下，知政失者在草野。政之得失，听听天下百姓的感受就清楚了。我们现在就根据百姓的感受和评说，对这四等国君为政的得失作些分析。

“太上，下知有之。”即是说，最上等的国君对天下百姓管得很少、很宽，百姓享有充分的自由和自主，因此他们只知道上面有个国君存在，其他就知道得很少了。这等得道的国君真正实行了“为无为，事无事”（第六十三章）。当然，这无疑含有一种理想的成分。

“其次，亲而誉之。”即是说，这等国君对百姓实行了许多仁政、德政，百姓多受其惠，故感恩戴德。按理说，这等施行了许多善政的应是最上等的国君，为什么会“其次”呢？因为其中必有许多“有为”的主观因素，即存在功利之为，和老子主张的“我无为而民自化，我好静而民自正，我无事而民自富，我无欲而民自朴”（第五十七章）还有距离。

“其次，畏之。”这第三等的国君是老百姓害怕他，对他有恐惧感。可以想见，这等国君施行了许多严刑峻法，而且赋税、徭役繁重，作为太多、太过，民不堪其扰。因此“法令滋彰，盗贼多有”（第五十七章），民怨沸腾，民变蠭起，国家政权已经只能依靠暴力来维持了，所以才有民“畏之”的恐怖局面。

“其次，侮之。信不足焉，有不信焉。”这是最下等的国君了，老百姓已经看不起他。句中的“侮”有轻慢，蔑视的意思。为什么呢？因为这等国君诚信不够，言而无信，行而无果，没能取信于民；或者施行智巧，玩弄权术，欺骗愚弄百姓，失信于民。所以在老子看来，这是比施行暴政的第三等国君更坏。老子说：“以正治国，以奇用兵。”（第五十七章）如果治理国家也像用兵打仗那样以智巧、权谋来对付百姓；或用一纸空文来愚弄百姓；

或政令迭出,但不能兑现,说话不算数。这样,百姓自然“侮之”。所以诚信不足是最坏的国君。句中前后有两个“信”,其意义有所不同,前一“信”指的是国君的诚信,后一“信”指的是百姓的信任。

“悠兮,其贵言。”最上等的得道之君总是显得十分悠闲自在,因为他“为无为,事无事”(第六十三章),而且十分看重自己的言语,说话总是算数的。因此,言而有信,行而有果。由于他诚信,所以百姓信任他。句中的“贵”,有贵重、看重的意思。“其贵言”,即他把自己的言语看得非常贵重,说话是算数的。对一个政府来说,其言就是政策、法令。所谓“其贵言”,就是那些政策、法令,言出必行,重在实施,能够取信于民。这样,百姓自然信服。“贵言”不是言语少,而是把自己的言语看得很重,即言必有信,行必有果。

“功成事遂,百姓皆谓我自然。”由于得道之君实行无为而治,即因循自然而行,合乎天时地利而动,顺乎人心民意而为。大功告成,大事办成,虽不说自然天成,却是百姓乐成的,所以百姓都说“我觉得很自然”。这就是最上等的国君,即得道之君的为政之治。对于这样的政治,尽管如我前面所说含有理想的成分,但我们还是向往这样的政治。

第十八章

大道废，有仁义；智慧[1]出，有大伪[2]。六亲不和，有孝慈[3]；国家昏乱，有忠臣。

注释

①智慧：聪明，有才智。 **②伪**：诡诈，虚伪。 **③孝慈**：指对父母的孝敬。

解读

本章语言明白如话，通俗易懂。老子说——

随着大道的废弃，便有人信奉仁义；随同聪明和才智的出现，便有了诡诈和虚伪。在六亲不和的时候，自然会有孝慈之人；在国家政治昏暗政局混乱的时候，必然会有忠贞之臣。

全章共四句话，但其旨意只有一个，即世间的许多事物都具有两面性。

“大道废，有仁义。”这是人们的信仰问题。当大道被废弃，不再有人信奉的时候，便出现了以孔子为代表的儒家学派，他们大力提倡仁、义、礼、智、信，借以恢复西周时期的礼乐制度和价值观念。“大道废”和“有仁义”就是当时人们在信仰问题中存在的两个方面。

“智慧出，有大伪。”“智慧”，即聪明，有才智。随同聪明和才智的出现,便有了虚伪和诡诈。这个“伪”包括人心之“伪”和人的行为之“伪”。聪明而有才智按理说是件好事情，但由聪明和才智带来的负面问题也随之而来，如现代社会商品之伪劣和假冒，使部分人的诚实和信用荡然无存。“山寨”已成了商品假冒的代名词，许多商品被仿造到了乱真的程度，并美其名曰：“仿真！”甚至连流通的货币也被“仿真”了。想必古时候也是这样。“智慧”和“大伪”就是人们诚信道德问题中存在的两个方面。

“六亲不和，有孝慈。”这既是家庭问题，也是道德问题。六亲失和，家庭不睦，这只是家庭道德问题中的一个方面。还有另一个方面，那就是自然会有孝敬父母的孝慈之人。

“国家昏乱，有忠臣。”在国家政治昏暗、政局动荡的时候，有操弄权柄、心怀叵测之人，当然也会有正直敢言的贞良死节之臣。这就是国家政治中的两种人，也是一个问题的两个方面。

老子列举了信仰、道德、家、国四个方面有代表性的问题，是在告诉世人，世间的许多事物都存在两面性，如同货币的两个面一样，即在出现一种现象或一个问题的同时必然会伴随着另一种现象或另一个问题。譬如改革开放，国家富强了，人民富裕了，但带来的另一个方面的问题是，部分人的思想堕落了。手机、互联网给人们的学习、生活和工作带来了许多方便，但有的人玩物丧志，沉溺于网络，影响了自己的学习和工作。等等。

懂得世间事物存在两面性的道理以后，我们就要在注意正面的、主流问题的同时，客观地分析可能会出现的负面问题或坦然地面对已经出现的问题。只有这样才能驾驭事物，控制局势，把握方向。也只有这样，才能在出现问题时保持一种泰然、平和的心态，并采取合情、合理、合法的应对措施，使事态向健康、有利的方向发展。就是平时立身行事，也应该有这方面的思想戒备，才不至于在出现问题时惊慌失措而处于被动地位。同样，在极为险恶的环境中，也应该考虑到或许会有转机的出现，有可能开创新的局面。有了这样一种思想认识，就能处乱不惊，终生无虞。

我们在学习本章时，切不可就事论事，要学会全面地、客观地、辩证地观察、分析问题，这才是正确的谋事之道。

第十九章

绝圣弃智，民利百倍；绝仁弃义，民复孝慈；绝巧[①]弃利，盗贼无有。此三者以为文不足，故令有所属[②]：见[③]素抱朴，少私寡欲。

注释

①巧：指虚假、伪诈，华而不实。 **②属**：同“嘱”。 **③见**：同“现”，体现。

解读

老子所生活的时代，大道废弃，智巧迭出；盗贼横行，伪诈不穷。人们贪欲无度，世风日下，所以老子提出如下主张——

断绝最高超的技艺，抛弃极智能的伎巧，民众可以获利百倍；断绝虚伪的仁，抛弃虚假的义，民众才能回归到本真的慈孝；断绝虚假和伪诈，抛弃利益的诱惑，盗贼也就不会再有。这里说的三句话，因为用文字叙述还不够达意，所以我得再加一句话使有所强调，那就是：体现本色，抱守质朴；少一点私心，淡一点欲望。

这就是老子的观点。全章通过三句话，概括出一个结论：“见素抱朴，少私寡欲。”为理清文意，正确理解老子的思想，我们还要好好研读，特别是一些重点的词和句。

“绝圣弃智，民利百倍。”句中的这个“圣”不是圣贤、圣哲，也不是聪明，它原指具有最高超技艺的人。《抱朴子·内篇·辨问》：“世人以人所尤长，众所不及者，谓之圣。”如我们今天所说的“书圣”、“草圣”、“诗圣”、“棋圣”，等等。在句中指的是最高超的技艺。因此整句话的意思就是：断绝和抛弃最高超的技艺和智巧，民众可以获利百倍。为什么可以这样说呢？这是因为具有最高超技艺和智巧的人，积聚了大量的社会财富，造成了社会财富的占有不均。

有必要指出的是，有的人把上一句中的“圣”解释为“睿圣”或“聪明”，都有所偏颇，因此本人不敢苟同。

“绝仁弃义，民复孝慈。”在老子看来，儒家所倡导的仁和义都不是出自人们的内心和人的自然本真之德，而是一种矫揉造作，是虚伪的、虚假的。它使人丧失了原有的本真之“德”，因此是一种“道”和“德”的堕落，所以老子才说断绝和抛弃虚伪的仁和义，民众才能回复到原来自然本真的孝慈。

“绝巧弃利，盗贼无有。”这个“巧”不是聪明灵巧，而是贬义词，它有虚假、伪诈和华而不实的意思，如成语“巧取豪夺”、“花言巧语”等等。“巧”是骗子的惯用伎俩，“利”是盗贼行窃的根源，因此老子主张应该断绝和抛弃。所以全句的意思就是：断绝和抛弃伪诈、虚假和利益的诱惑，盗贼也就不会再有。

“此三者以为文不足，故令有所属：见素抱朴，少私寡欲。”老子的这些话，特别是开头一句，因为其中有省略，所以读起来有些让人费解。其实，意思还是十分明确的。“此三者”，即指前面说的三句话。“以为文不足”，即因为用文字叙述尚不够达意。“不足”，即够不上，尚有欠缺。“故令有所属”，所以（我得再加一句话）

使有所强调。句中的这个"令",有"使"的意思。"属",同"嘱",即嘱咐，这里有强调的意思。这样连起来，整句话的意思就是：这前面说的三句话，因为用文字叙述尚不够明确、达意，所以（我得再加一句话）使有所强调，那就是：体现本色，抱守质朴；少一点私心，淡一点欲望。"见"，同"现"，即体现、表现。"素"，原指没有染色的绢，这里有素色、本色的意思。"朴"，指未经加工的原始木材，这里指事物原始的本真状态。

讲到这里更有必要指出的是，有些人把上述的"圣"和"智"、"仁"和"义"、"巧"和"利"当作一种"文饰"，因此"为文不足"就被认为是"作为文饰的东西不足以治理天下"了。这实在有些让人啼笑皆非！其实，前面说的三句话并非有什么文饰，或隐含什么文饰。可见他们对全文的旨意没有完全理解。

那么，本章的旨意究竟在哪里呢？我们不妨对全章的思想再作一些简单的梳理和归纳。

老子之所以强调要"见素抱朴，少私寡欲"，那是因为世人的欲望实在太多了，私心实在太重了，甚至最高超的技能和智巧也可以成为人们欲望的对象，因为掌握了这些极其高超的技能和智巧，就意味着可以占有更多的社会财富，满足自己的欲望。"仁"和"义"，当然是人们追求的欲望，因为它可以给人们带来名利和地位。也因为如此，仁、义已经使人失去了原来自然本真的德性，所以老子鄙视儒家的仁、义和礼。他批评说："失道而后德，失德而后仁，失仁而后义，失义而后礼。夫礼者，忠信之薄而乱之首。"（第三十八章）至于以伪诈、虚假牟利，巧取豪夺，那更是赤裸裸的贪婪行为。因此老子认为都应该断绝、抛弃，而且还用"见素抱朴，少私寡欲"的话来再次予以强调。

老子企图通过"三绝三弃"（"绝圣弃智"、"绝仁弃义"、"绝巧弃利”）让百姓回归到本真、质朴的生活状态，营造淳厚、朴实的民风，当然这只是一种愿望而已。其实，欲望是人的一种本性，当然也是社会文明进步的动力，现代社会的职责是如何运用法制来规范和利用这种欲望，使之在合理的范围内得以存在和发展，以造福人类。

读完全章，还有必要指出的是，老子在这章中说的“绝圣弃智”、“绝巧弃利”，和前面第三章说的“不见可欲”的言论一样，都在主张让民风返朴、使人性归真的同时，反映了他浓厚的重农抑商的封建理念。这当然是一种不可避免的历史局限。可见，在封建社会工商经济的发展是何等的困难。

第二十章

绝学无忧。

唯[1]之与阿[2]，相去几何？善之与恶，相去[3]若何？人之所畏，不可不畏。

荒[4]兮，其未央[5]哉！

众人熙熙[6]，如享太牢[7]，如春登台。我独泊[8]兮，其未兆[9]，如婴儿之未孩，儽儽[10]兮，若无所归。

众人皆有余，而我独若遗[11]。我愚人之心也哉，沌沌[12]兮！

俗人昭昭[13]，我独昏昏[14]；

俗人察察[15]，我独闷闷[16]。

澹[17]兮，其若海；飂[18]兮，若无止。

众人皆有以[19]，而我独顽似鄙[20]。我独异于人，而贵食母[21]。

注释

①**唯**：即唯唯，应答非常顺从的样子。 ②**阿**：同“诃”（hē），大声喝斥。③**去**：距离，相差。 ④**荒**：宽广，遥远。 ⑤**未央**：没有尽头的意思。央，尽也。 ⑥**熙熙**：兴高采烈，快乐的样子。⑦**太牢**：古代帝王祭祀社稷时举行的丰盛筵席。 ⑧**泊**：恬静，安静。⑨**其未兆**：似乎没有产生欲望的念头。其：语气词，有揣测之意。兆：事情发生前的迹象。 ⑩**儽儽**（lěi lěi）：疲惫困乏的样子。 ⑪**遗**：缺失。 ⑫**沌沌**（dùn dùn）：蒙昧无知的样子。 ⑬**昭昭**：明亮，明白。⑭**昏昏**：懵懂，糊涂。 ⑮**察察**：看得非常仔细、清楚，即很精明的样子。⑯**闷闷**：与前句的“察察”相对，此处有闭塞不通，稀里糊涂的意思。⑰**澹**（dàn）：波浪起伏的样子。 ⑱**飂**（liú）：清风飘拂的样子。 ⑲**以**：用。 ⑳**顽似鄙**：愚顽得近乎鄙陋无能。 ㉑**贵食母**：倚重并食取于万物之母。贵：看重，倚重。

解读

这一章篇幅比较长，但很有节律，很有韵味，如诗似赋，充分体现了得道之士浪漫的情怀和对现实生活的超脱。老子这样说——

当一个人的知识或学问高深到极妙境界的时候，就没有了人世间的忧虑。

你看不出一个唯唯诺诺、学养深厚的人与一个惯于大声喝斥、粗鲁的人，他们的差距究竟有多大呢？你也看不出一个品行美善的人与一个行径丑恶的人，他们的差距又有多大呢？（其实各种各样的人，从表面上看都是差不多的。）譬如他人害怕的我也不可能不害怕。（可是，在欲望和生活态度方面的差距就大了！）

自那荒远的古代以来，人们对于欲望的追求，大概就没有穷，也没有尽！你看——

那么多人兴高采烈，熙熙攘攘，好像去分享天子举行的盛宴，也好像春日里，为祭祀社稷登上高台。唯独我淡泊恬静，似乎没有产生欲望的念头。好像一个蒙昧无知的婴儿，还未长成小孩；也好像一个贪玩的孩童，疲惫困乏，若无所归。

那么多人志得意满，食用有余，唯独我只够温饱，还似乎有所缺失。啊，我简直如愚人一般的心态，是那样的蒙昧无知！

一般世俗之人眼亮心明，唯独我稀里糊涂，头脑昏昏；

一般世俗之人仔细精明，唯独我不善算计，心窍闭闷。

我思绪荡漾，犹如波澜起伏的大海；我一身轻松，就像终日飘拂的清风，无止无碍。

那么多人依恃自己的才智，各有所用，唯独我愚昧得近乎鄙陋无能。

我之所以会那样独独异于他人，那是因为我倚重万物之母，就像一个婴儿必须依靠母亲的乳汁而生存。

这就是老子笔下的“我”，一位“绝学”者，一位得道之士与世俗之人（“俗人”）在欲望和生活态度方面的诸多不同，以及产生这种不同的根本原因。全章运用对比的手法，把一位具有“绝学”的得道之士的处世态度和人生境界刻划得淋漓尽致。下面让我们再慢慢分析、品读。

“绝学无忧。”这是全章议论的中心。“绝”，在这里是高超、高深的意思，如我们平时常说的“绝技”、“绝招”、“绝活”等等，而不是有些人所理解的断绝、抛弃。因此“绝学无忧”的意思就是：当一个人的知识或学问高深到极妙境界的时候，就没有了人世间的忧虑。孔子的好学生颜回就是这样的人，“一箪食，一瓢饮，在陋巷，人不堪其忧，回也不改其乐”(《论语·雍也》)。为什么会达到这样的境界呢？文章的结尾将会告诉你。因此“绝学无忧”一句在全章起着总提的作用。

在这里有必要指出的是,有的人把这一章的首句“绝学无忧”,放在前一章,作为末句,这是不应该的。显然他没有理解句中“绝”字的意义，更没有领会全章所体现的思想。

下面就让我们好好研读、分析，去仔细品鉴这位具有“绝学”的得道之士的仙风道骨。

“唯之与阿，相去几何？善之与恶，相去若何？人之所畏，不可不畏。”即是说，一个学养深厚、品行美善的人与那些行为粗鲁、丑恶的人，在平时，表面上是看不出有什么差别的，如他人害怕的，我也不可能不害怕，可是在欲望和生活态度方面的差距那就大了。文章接下去所说的就是具有“绝学”的得道之士和“俗人”在生活态度方面的诸多不同。句中的“唯”,即唯唯诺诺,是应答非常顺从的样子，代指学养深厚的人;“阿”同“诃”，有大声呵斥之意，代指缺乏学养、行为粗鲁的人。

“荒兮，其未央哉！”这句话中有省略，所以有些让人费解。“央”即尽,尽头,如“星汉西流夜未央”(曹丕《燕歌行》)。“未央”,即无穷无尽，没完没了。什么东西无穷无尽，没完没了？当然是人们对于欲望的追求。因此整句话的意思就是：自那荒远的古代以来，人们对于欲望的追求大概就没完没了！“荒”，其本义是宽广、遥远，如“宇宙洪荒”(《千字文》)，句中则有远古的意思。

“众人熙熙，如享太牢，如春登台。”你看！那么多人兴高采烈，熙熙攘攘，好像去分享天子举行的盛宴，也好像在春天为祭祀社稷登上高台。这种兴奋、热闹的场面正反映了世俗之人对于功名利禄的追求，犹如蝇拥蚁附。它是“天下熙熙，皆为利来；

天下攘攘，皆为利往”(《史记·货殖列传》)的一种形象的艺术描写，而绝不是有些人所谓的春秋末期世态人情的风俗图。句中的“太牢”,指的是天子举行的筵席。“如享太牢”,这是一种比喻。比喻世人对于功名利禄的追求,如同去分享天子举行的盛宴一样。写得十分形象、生动。

“我独泊兮，其未兆，如婴儿之未孩。儽儽兮，若无所归。”这就是一个学养深厚的“绝学”者，一个得道之士的人生态度。正当世俗之人为满足自己的功名利禄之欲而蝇拥蚁附的时候，唯独“我”却淡泊恬静，似乎尚未产生欲望的念头，好像一个尚未长成孩子的婴儿;也好像一个贪玩的孩童，疲惫困乏，若无所归。句中的“儽儽”，是疲惫困乏的样子，是“绝学”之人对自己的一种自我嘲讽。

在老子的那些话中，还有几处需要引起注意。第一句中的“泊”，即淡泊恬静。“兆”，即征兆。“其未兆”，即似乎尚未产生欲望的念头。“其”与前一句中的“其”一样有揣测之意。第二句中的所谓“婴儿之未孩”,那是老子把小孩子分为“婴儿”和“孩”两个不同的等级。一般说来，处于哺乳阶段，不能脱离母亲怀抱独立行走的为婴儿；可以脱离母亲怀抱，能独立行走的叫孩。有的人把“婴儿之未孩”解释为婴儿还不会笑，这就有待斟酌。

“众人皆有余，而我独若遗。我愚人之心也哉，沌沌兮！”由于人们对欲望的浓淡不同,因此拥有的财富多寡也就自然不同。那么多人都食用有余,而唯独“我”清贫得似乎有所缺失。所以“绝学”者自嘲一句:我简直是一个愚昧之人的心啊，是那样的蒙昧无知！句中的“遗”,本义有遗失、丢失的意思,如“齐桓公饮酒醉，遗其冠”(《韩非子·难二》),句中则有缺失、不足之意,它与“余”相对。有的人将“遗”理解为“匮”，意涵有所不同，故不可取。

“俗人昭昭，我独昏昏；俗人察察，我独闷闷。”这就是“我”，一个具有“绝学”的得道之士，在为人方面与“俗人”的不同。世俗之人“昭昭”，即心明眼亮，深谙世事；唯独“我”“昏昏”，即稀里糊涂，头脑昏昏；世俗之人“察察”，即仔细精明；唯独“我”“闷闷”，即不善算计，心窍闭塞不通。

“澹兮，其若海；飂兮，若无止。”一个具有“绝学”的得道之士尽管不谙世事，不识时务，生活清贫，但他安贫乐道，心胸坦然。他思绪荡漾，犹如那波澜起伏的大海。也正因为他没有功名利禄之欲，所以他感觉犹如飘拂不止的习习清风，一身轻松。这样的情怀，这样的心志，他还会有什么忧虑呢？无欲无产，两袖清风，一身轻松。这就是一个人的知识或学问高深到绝妙境界时候的一种心境，所以才有本章开头的“绝学无忧”之说。这种心境的形成，按照佛学的观点就是心量无限扩充，“转识成智”（即超越认识的局限）的结果。因为心灵扩充到无限的时候，其本身就是无限自身，如大海，如虚空。句中的“澹”，本义为波澜起伏的样子，如“水何澹澹，山岛竦峙”（曹操《步出夏门行·观沧海》）。句中则有思绪荡漾的意思。“飂”，有清风飘拂的样子，如：“吐清风之飂飂，纳归云之郁蓊。”（潘岳《西征赋》，蓊 **wěng:** 指云气郁盛）

“众人皆有以，而我独顽似鄙。”这是“我”，一个“绝学”者和世人的又一处不同。那么多人皆有所用，而唯独“我”愚顽不化近于鄙陋无能。句中的“以”就是“用”的意思，如屈原《九章·涉江》：“忠不必用兮，贤不必以。”道家认为无用之物才可以久长，所以“无所可用，安所困苦哉”（《庄子·逍遥游》）。句中的“顽”，有愚顽不化的意思。

“我独异于人，而贵食母。”我之所以会那样独独异于他人，那是因为我特别倚重万物之母，就像一个婴儿必须食取母亲的乳汁而生存。句中的“贵”,作动词用,有倚重、看重的意思;“食母”,则有食取母亲乳汁之意。“我”，一个具有“绝学”的得道之士与世俗之人不同的根本原因就在这里。那就是，只有“道”才是我所倚重并赖以生存的母亲。这个“母”，指的就是道。

在现实生活中，特别是在学界里，“沌沌兮”、“儽儽兮”、“我独泊兮”、“我独若遗”、“我独昏昏”、“我独闷闷”、“我独顽如鄙”这样的“绝学”之人不是少数。大凡做学问的，搞科研的，大都不计较自己的生活待遇或享受，有的甚至连个人生活也十分简单和草率。他们不关世务，不谙人情，而孜孜以求的是他们所研究的对象——学术或技术。他们的情怀“澹兮，其若海；飂兮，若无止”，实在令人钦敬！他们不追求奢华的生活和享受，而“独异于人”者，是倚重祖国和人民。

第二十一章

孔[①]德之容[②]，惟道是从。

道之为物，惟恍惟惚[③]。惚兮恍兮，其中有象；恍兮惚兮，其中有物。窈兮冥兮[④]，其中有精[⑤]，其精甚真，其中有信[⑥]。

自古及今，其名不去，以阅众甫[⑦]。吾何以知众甫之状哉？以此[⑧]。

注释

①孔：大的意思。 **②容**：景象，状况。 **③恍、惚**：都是模糊不清楚的样子。 **④窈**（yǎo）：幽深莫测。冥：昏昧，幽暗。 **⑤精**：极细微的物质，指精气。 **⑥信**：信实，可靠。 **⑦以阅众甫**：借以认识万物的本始状况。阅：观察，认识。甫：开始。 **⑧以此**：因为这个（指“道”）。

解读

在这一章，老子讲“道”和“德”的关系，重点是讲道的特征及其作用，因此这一章可以说是第十四章的继续。他这样说——

大德之概，只是遵从于道。

道这个东西恍惚不定，模糊不清。在恍惚之中似乎有其形，在恍惚之中也似乎有其物。在幽深昏暗之中有它的精气，这精气是十分真实的，可信的。

从古到今，这道的作用并没有消失，人们正是藉此以了解万物本始状况的。我是凭什么知道万物本始状况的呢？依靠的就是这个道。

老子的这些话让人莫名其妙，简直玄得很。不过，我们还是得耐心地去体悟这个道。

“孔德之容，惟道是从。”在这里，老子把“道”和“德”分开，并指出了它们的依从关系。这个“孔”，其本义是很、甚的意思，如：“其新孔嘉，其旧如之何？”（《诗经·豳风·东山》，豳：读 bīn，古国名）在句中可以引伸为大、盛。“孔德”，即大德或盛德。“容”，即容貌，可以引伸为景象、状况。因为“德”是一个大事物，所以其景象或状况可以用一个“概”字来表达。这样全句的意思就是：大德之概，只是遵从于道的。这就是说，“道”是主，“德”是从，“德”是从属于“道”的。

那么什么是“德”呢？德和道之间有什么微妙的联系和区别呢？《管子·心术上》曰：“德者，道之舍。”（《管子》卷十三）意思是说，“德”好像是套房子，而人们是通过这套房子的区块位置、坐落朝向、楼层高低、户型结构、面积大小等等，即通过这套房子的“德”，才得以认识其“道”的。譬如说“某套房子很好”，这个“很好”的说法犹如“道”，它是玄的、抽象的，而这房子的位置、朝向、楼层、户型、大小等等元素的综合，才是它的“德”。道是一个高度抽象的意涵，而德是可以通过事物具体的形相、状态等特征感知的。这就是说，“道”是通过事物的“德”

才得以体现的。显然，这个德是从属于道的。

“德”当然也是万物的一种自然属性，或者说自然本性。一物自然地是什么，就是它的德。鸟有鸟之德，鱼有鱼之德。道生万物，遂有万物之德。万物之所以为万物，就是因为其德不同。但不管何种德，都从属于道。故“孔德之容，惟道是从。”

有关“德”的概念，我们还将在以后有关篇章中继续予以讨论。

“道之为物，惟恍惟惚。惚兮恍兮，其中有象；恍兮惚兮，其中有物。”道恍惚不定，似乎有形相，也似乎有物体的存在，这就是第十四章所说的“迎之不见其首，随之不见其后”，“是谓无状之状、无物之象”。

“窈兮冥兮，其中有精。其精甚真，其中有信。”“窈”、“冥”有幽深、昏暗的意思，以喻道意涵的精湛而又模糊不清，这也犹如第十四章所说的“其上不皦，其下不昧”。但在道的这种窈冥之中有它那真实可信的精气存在。

老子对道的那种恍恍惚惚的描述，其实是对世间事物发生、发展、乃至终结不确定性的一种艺术描写。“祸兮，福之所倚；福兮，祸之所伏”，“正复为奇，善复为妖”（第五十八章）。世间事物是纷繁复杂、变幻莫测的，而老子关于道的理论则揭示了这个变幻莫测的物质世界和心理世界的内在规律。这个规律有其深刻性和正确性的一面（“其精甚真，其中有信”），但也有其不确定性的一面（“道之为物，惟恍惟惚”）。“道”之所以难以诠释、定义，就是因为它是超乎形象的，是属于一种高度抽象的意涵，所以它可以悟得，却难以言说。有些人认为道家哲学玄，我想主要还是玄在老子对“道”的那种如虚似玄的描述上。不过，当你懂得了我上面所说的道理后，或许就会觉得“道”并不那么玄了。

“自古及今，其名不去，以阅众甫。吾何以知众甫之状哉？

以此。”这里的“名”即名分，而名分又是和其实际发挥的作用联系在一起的（这在第一章，第十一章我就已经讲过），因此这个“名”可以理解为作用。所谓“其名不去”，就是说道的作用没有消失。“阅”，即察看，这里可以引伸为认识，了解。“甫”就是开始、刚刚的意思，如“大乱甫定”。所谓“众甫”，指的就是万物的本始或原始状况。因此这结尾的两句话，用现代汉语来表达就是：从古到今，这道的作用并没有消失，人们正是凭借它来认识万物本始状况的。我是怎么了解万物本始状况的呢？依靠的就是这个（道）。——这就是道的作用。

老子的这些话，似乎意味着道是伴随并见证了万物的变化过程的，因此得道之士才可以凭着这个道，去认识万物的本始状况。否则，“何以知众甫之状哉”？

第二十二章

曲[1]则全，枉[2]则直，洼[3]则盈，敝[4]则新，少则得，多则惑[5]。是以圣人抱一为天下式[6]。

不自见，故明；不自是，故彰[7]；不自伐[8]，故有功；不自矜[9]，故长[10]。夫唯不争，故天下莫能与之争。

古之所谓“曲则全”者，岂虚言哉？诚全而归之。

注释

①曲：弯曲，曲折，委屈。 **②枉**：弯曲，歪曲，冤屈。 **③洼**：地势凹陷的地方。 **④敝**：坏，破旧。 **⑤惑**：疑惑，迷惑，烦恼。**⑥式**：范式，样式，楷模。 **⑦彰**：昭彰。 **⑧伐**：夸耀。 **⑨矜**（jīn）：傲慢。**⑩长**：久长。

解读

辩证唯物主义告诉我们，世间的许多事物都是对立统一的，即它们互相对立，但又同时存在于同一事物之中，而且对立的双方是可以互相转化的。在这一章，老子以十分辩证的思维列举了许多对立的事物，并指出一个人在立身处世中应该遵循的一般原则。他说——

能委屈的就能成全，能弯曲的就能伸直，低洼的才能充满，破旧的才能更新，取少的容易获得，贪多的容易迷惑。正是因为这样，圣人总是抱守大道之德作为天下的楷模。

不以一己之见，才能使事物的全貌分明；不自以为是，才能将事物的本质看清；不自我夸耀，才有功劳勋名；不自高傲慢，才能尊位久长。由于不与他人相争，天下就没能与他相争的了。

古人所说的“能委屈的就能成全”之类的话，难道是空话吗？要是前面所说的那些话切切实实全都做到了，那么就会回归于道。

你看，老子的那些话讲得多好啊！这些话字字珠玑，句句隽语，读来脍炙人口，意味深长。下面让我们再作些品读和回味。

“曲则全”。线不曲，则无以成其圆；面不曲，则无以成其球。由此可知，事不曲，则不能成其全；人不屈，则不能成其才；心不屈，则不能满其志。故能忍能屈，委屈以求全者，真丈夫也！句中的“曲”除弯曲的意思外，也有委屈的含义。

“枉则直”。生理学的知识告诉我们，人的脊柱有自然的生理弯曲，要是没有这种弯曲，人就无以立其正。然而为人处世又何尝不是这样呢？有时你的言行会受到歪曲，甚至会被冤枉，你得忍受委屈；有时出于诸多考虑，你不得不屈尊就位，如此等等。在人生的道路上，人不枉，则不能昭其正；事不枉，则不能伸其直。句中的“枉”，有弯曲、歪曲、屈就等意思。

“洼则盈”。人们都知道，地势低洼，则水易积而聚。人心如水，水往低处流。故一个虚怀若谷、谦卑而永不自满的人，最终将利益丰满。因为这样的人往往为人所拥戴，能获得人心的归附，而人心归附，则事成矣！故为政者谦卑乃圣王，百姓箪食壶浆以迎之；为学者谦卑乃泰斗，群星璀璨以拱之；为工者谦卑，大匠誉其名；为农者谦卑，五谷满其仓；为兵者谦卑，功勋荣其身；为商者谦卑，财源茂盛畅其流。

“敝则新”。敝者人之所恶也，新者人之所好也。有志者除敝以布新，破旧以立新。因为事物发展到极点总会向相反方向发展的。物极必反，这就是事物的辩证法，故“敝则新”。

“少则得，多则惑。”这是情理使然。取少不仅易得，而且易安。而贪多则惑，惑则乱，乱则败，这就是事物发展的规律。因此多不如少，少不如无。无则合乎道，合乎道就能久长。

“是以圣人抱一为天下式。”句中的“一”是什么？第四十二章说“道生一”，即“一”是道所派生的，它次于道，但不是道。其实“一”是一种“德”。（这在第十章，我讲到“载营魄抱一”时就已经说过。）不过这里的德不是万物之德，而是大道之德。那么什么是大道之德呢？老子在第十章中说：“生之畜之，生而不有，为而不恃，长而不宰，是谓玄德！”这种“玄德”就是大道之德。大道之德的核心是无功利之欲，所以它能“功成而弗居”（第二章）。圣人所抱守的就是这种大德。圣人是道的化身，他替天行道，所以他抱守大道之“德”以为天下的楷模。

在这里需要指出的是，历来许多人都把这个“一”理解为“道”，其实是不确切的，因为他们没有搞清楚“道”和“德”的微妙区别。——这种区别我在前一章已经讲了。

综前所述，因为世间的许多事物都是对立统一的，所以圣人总是抱守大道之德作为天下的楷模。老子还这样告诫我们：

“不自见，故明”——不以自己的一己之见或一孔之见为见，才能使事物的全貌分明；

“不自是，故彰”——不自高自大，自以为是，才能使事物的本质昭彰；

“不自伐，故有功”——不自吹自擂，自我夸耀，才有功劳勋名；

“不自矜，故长”——不自尊自大，自高傲慢，才能使你的尊位久长。

句中的“自见”，很多人理解为自我表现，我以为没有这个意思。如果有自我表现的意思，那整句话的表达应该是“不自见，故知（或智）”。不以一己之见，才能使事物的全貌分明，这是辩证的统一，而不自我表现才是明智，就不存在这种辩证关系。

“夫唯不争，故天下莫能与之争。”这是对上述“四不”的总结，也是在告诫我们为人处事应该遵循的一般原则，这里体现的是一种无欲无争、以谦和自处的圣人之德。它应该奉为我们的人生圭臬，因为“天道亏盈而益谦”，“人道恶盈而好谦”（《易·谦卦·象辞》）。

“古之所谓‘曲则全’者，岂虚言哉？诚全而归之。”全章最后以一个反问的句式对前面“曲则全”之类的话作了充分的肯定。所谓“诚全而归之”，即是说，要是前面所说的那些话切切实实全都做到了，那么就会皈依于道。为什么呢？因为古之所谓“曲则全”之类的话，不仅是人道，也是天道。

第二十三章

希言[1]自然。故飘风[2]不终朝，骤[3]雨不终日。孰为此者？天地。天地尚不能久，而况于人乎？故从事于道者同于道，德者同于德，失者同于失。故同于道者，道亦得之；同于失者，道亦失之[4]。信不足焉，有不信焉。

注释

①**希言**：寡言。希，同“稀”。 ②**飘风**：大风。 ③**骤**：急速。④此句照西汉帛书《老子》和北大汉简本。王弼本为：“同于道者，道亦乐得之；同于德者，德亦乐得之；同于失者，失亦乐得之。”歧义颇多。

解读

在这一章，老子告诫我们治国理政应该合乎自然无为，任何过急、过分的行政行为和雷厉风行的施政作风都是不合乎道的，不合乎道就不可能久长，不可能久长就会失去民心。他说——

寡言处世是很自然的。你看，大风刮不了一早晨，急雨也下不了一整天。是谁的力量使它们这样？是天地。天地的力量尚不能使它们持久，何况是力量单薄的人呢？所以顺从并以道为事的人就会合乎道，顺从并以德为事的人就会合乎德，作事丧失了道和德的人就会同失于道和德。这样，合乎道的人，道也得到他；失于道的人,道也抛弃他。如果诚信缺失了,百姓也就不会信任他。

老夫子的话讲得很有道理，他是以人的生理行为和司空见惯的自然现象为例来说明这些道理的。

“希言自然。”直译就是:寡于言谈是很自然的。“希”,同“稀”,即稀少。这个“言”对于一个普通的人（或者说自然人）来说，当然就是言语、言谈，但对于一个国家来说就是颁发的政策、法令和为政者的政治说教。这就是说，老子是以一个人自然的生理行为——讲话为例，来说明国家的政策、法令和政治说教应该少一些，但要诚信一些。他还以人们司空见惯的自然现象来说明这个道理。请看下一句。

“故飘风不终朝，骤雨不终日。孰为此者？天地。天地尚不能久，而况于人乎？”这些话的意思很好理解，前面已经说了。这就进一步说明“希言”是很自然的，也就是说国家的政策、法令和空洞的说教少也是合乎自然的，合乎了自然也就合乎了道。同时也隐含政令迭出、雷厉风行、急风暴雨式的施政行为是不可能持久的，因为它不符合自然无为的原则，是不合乎道的。这一句中的“飘风”即大风、旋风，如“若飘风之还，若羽之旋”(《庄子・天下》)。

“故从事于道者同于道，德者同于德，失者同于失。”这一句中的“从事”，不是我们今天所说的做事、干事的意思，而应该把“从”和“事”分开理解。“从”即顺从,“事”即做事。所谓“从事于道”，即顺从并以道为事。“同”，有合乎、合于的意思。因此整句话的意思用现代汉语来表达就是：所以顺从并以道为事的人，做事就会合乎道；顺从并以德为事的人，做事就会合乎德；做事丧失了道和德的人就会同失于道和德。

“同于道者，道亦得之；同于失者，道亦失之。”这就是说，做事合乎道的人，道也得到了他；做事丧失了道的人，道也抛弃了他。这就为这章的最后一句议论作了铺垫。

“信不足焉，有不信焉！”这一句应该理解为一个假定的句式，意即如果国君的诚信不够，老百姓就会不信任他！换言之，如果国君颁发的政令、法令很多，但不切切实实地实行，就说明国君的诚信不够，百姓就会不信任他，甚至抛弃他。这就是“同于失者，道亦失之”的含义，意即失之于民者，民亦失之。因为人道就是天道。

老子的那些话说明治国理政，取信于民是何等的重要。孔子把“足食”、“足兵”、“民信”作为治国三要件。有学生问他，如“必不得已而去”，此三项哪项先去？孔子说：“去兵。”又问，若“必不得已而去”，剩下的二项哪项先去？答曰：“去食。”可见，人可以饿死，“民信”是万万去不得的。因为“自古皆有死，民无信不立”（《论语·颜渊》）。

第二十四章

企[1]者不立，跨者不行。自见者不明，自是者不彰；自伐者无功，自矜者不长。其在道也，曰余食赘[2]行，物[3]或恶之。故有道者不处[4]。

注释

①企：提起脚跟。 **②赘**（zhuì）：多余的，无用的。 **③物**：指除自己以外的人和物。这里指别人或众人。 **④处**：占，占据。

解读

这是第二十二章的继续和发挥。本章从反面进一步强调了一个人立身处世应该以谦恭自守，老子这样说——

提起脚跟立不稳，跨着大步无法行。一己之见的真相不明，自以为是的实情不清；自我夸耀的没有奖赏，自高傲慢的不能久长。诸如以上的各种表现从道的角度来看，犹如一种残羹剩菜和过分、多余的行为，大家都会厌恶它，所以有道之人是不会这样做的。

这是老子在继第二十二章之后，对人们的再次告诫，也体现了老人家的良苦用心。

“企者不立，跨者不行。”这是两个例子：提起脚跟以显示他的个子高于他人，跨个大步以显示他行走的速度快于众人。老子的这些话告诉我们，一个人平时一贯的、自然的、正常的行为和表现，是其本真之德的反映，是合乎道的，而任何弄虚作假，非常的行为和表现，都是一种矫揉造作，是自欺欺人，是不合乎道的。不合乎道就不可能久长，因为“不道早已”（第三十章）。需要指出的是“企者”、“跨者”往往都是那些自命不凡，自以为高人一等的人，并且有一种沽名钓誉、急于出人头地的心理或动机。因此有了一点小成绩，小贡献，甚至一点小聪明，就耐不住寂寞，开始躁动不安。他生怕人家不知道，就开始“自见”、“自是”、“自伐”、“自矜”起来。老子告诉你切不可这样。为什么呢？请听下面说的。

“自见者不明，自是者不彰；自伐者无功，自矜者不长。”这是从反面强调了第二十二章所说的话。它的意思我在前面已经说了。

“自见者”多是那些聪明能干，但又主观性、自尊心较强的人。他们往往习惯于以自己的一己之见或一孔之见为见，缺于调查研究，少于集思广益，因此就不可能对事物的真相认识得十分真切、分明。

“自是者”多是那些办事干练，但又行为强势、作风霸道的人。他们往往自以为了不得，不肯礼贤下士，咨诹善道；不愿倾听异议，察纳雅言。因此对事物的真假优劣、是非曲直、利弊得失不可能了解得十分清楚。

“自伐者”往往是那些有成就、有贡献的人。如果他自吹自擂，自我夸耀，自我标榜，那就什么功劳也没有了。

“自矜者”多是那些有点地位，或长期养尊处优的人。如果他自尊自大，颐指气使，傲慢不逊，那他的尊位自然也就长不了。

老子的那些话从反面强调了一个有才能、有成就、有贡献的人应该始终保持谦恭的态度是何等的重要。如果说“自见”、“自是”是属于思想方法、领导作风问题，那么“自伐”、“自矜”就是一个人的品质问题了。一切“自见”、“自是、”“自伐”、“自矜”的行为，人们都会嗤之以鼻。习惯于“自见”、“自是”、“自伐”、“自矜”的人，最好把自己放在听者、看者的位置上来反省自己的行为，即换位思考，以己度人，脑子或许会清醒不少。孔子曾经说：“不患人之不己知，患不知人也。”(《论语·学而》)还说：“不患无位，患所以立。”(《论语·里仁》)

“其在道也，曰余食赘行，物或恶之。故有道者不处。”诸如以上这些“企者”、“跨者”、“自见者”、“自是者”、“自伐者”、“自矜者”的行为，其实都是品位低下、涵养不深的表现。当然，从道的角度来说就犹如残羹剩汤（即所谓“余食”），是一种多余的、过了分的行为（即所谓“赘行”），大家都会厌恶它，所以有道之人是不会这样做的。“物或恶之”中的“物”，有别人、众人的意思，如“损己以利物”（魏征《十渐不克终疏》）。

其实，一个有品位、有涵养的人，无论进退，还是出处，也无论才能多高、贡献多大，都是有道有义的。一个人如果不恃能炫耀，不居功自傲，那么世人也不会妒忌他的才华和事业。汉朝的桓宽曾经这样说：“君子进必以道，退不失义，高而勿矜，劳而不伐，位尊而行恭，功大而理顺。故俗不疾其能，而世不妒其业。”(《盐铁论·非鞅》)

第二十五章

有物混成[1]，先天地生。寂兮寥兮[2]，独立而不改，周行而不殆[3]，可以为天下母。吾不知其名，字[4]之曰道，强为之名曰大。大曰逝，逝曰远，远曰反。故道大，天大，地大，人亦大。域中有四大，而人居其一焉。人法地，地法天，天法道，道法自然。

注释

①**混成**：混然而成。 ②**寂**：即没有声响。**寥**：即空廓，没有形相。③**殆**：通“怠”。有倦，止的意思。 ④**字**：根据人名中的字义另取的别名。句中作动词用，有叫、称呼的意思。按：本章“人亦大”，“而人居其一焉”两句，汉简帛本皆为“王亦大”，“而王居其一焉”。

解读

这一章老子讲道的特征以及人、地、天、道、自然五者的依从关系。现在我按其意译之，他说——

有一个混然而成的东西，它在天地没有形成以前就已经产生了。它没有声响，也没有形相，且超然独立于万物之外，永远不变，周而复始，运行不息，可以称得上天下万物的母亲。可是我不知道应该怎样称呼它，暂且给它一个代号吧，叫做“道”。如果再要勉强称呼它，那就叫“大”。这个“道”实在太大了，它没有边界,没有极限,称得上无穷大。无穷大不就等于消逝了吗?所以应该叫“逝”。“逝”不就是很远很远吗？所以应该叫“远”。到了极远之处，那就等于回到了虚静的状态，这不就是又返回了吗？所以应该叫“反”。道是最大的了，其次是天，再次是地，第四是人。在浩瀚的宇宙之中有“四大”，人就占了一大。人接受大地的养育、承载之恩,所以人应该效法地。而地受上天的荫庇，所以地应该效法天。而天的依归是道，所以天应该效法道。道生万物是无为之为，这种无为之为就是自然。这就是说，道是在效法自然，所以它能纵贯古今，包举天地，而为万物所拥戴。

老子的这些话顺理成章，下面让我们再作些简单的分析，使它与以前学过的内容和知识有所联系。

“有物混成，先天地生。”道的形成似乎与天地的形成相似，但先于天地，所以才“可以为天下母”，也因为如此，才得“以阅众甫”(第二十一章),知道天地万物的初始状态。“先天地生”，意味着老子关于“道”的理论可以解说天地万物，乃至宇宙的形成，或者说它伴随着并见证了天地乃至宇宙的形成。

“寂兮寥兮，独立而不改，周行而不殆，可以为天下母。”这些话体现了道的几个特征。一是虚静。“寂”即静寂，没有声响；“寥”即空廓，它虚而空，自然没有形相。所以老子在第十四章中说，道这东西“视之不见”、“听之不闻”、“搏之不得”，“是谓无状之状、无物之象”。二是超乎万物。它超然“独立”于万物之外，当然不是万物之一物，因此能够“独立而不改”，永远存在。因为任何有形有名之物都不可能久长。三是永恒的、运动的。所谓“周行而不殆”,即周而复始,运行不息。句中的“殆”,通“怠”,如“农者殆，则土地荒”(《商君书·农战》)。四是渊源深远。因为它“先天地生”，自然是“天下母”，名正言顺地成了天下万物的母亲。

“吾不知其名，字之曰道，强为之名曰大。大曰逝，逝曰远，远曰反。”它的大意我在前面已经说了，这是道的又一个特征，即大而虚。大得它的名也无法知道。“道”这个名只是个代号，其实是无名之名。它很大，以至于虚无的境界，然后由虚而返。因为道是一个高度抽象的意涵，你想多大就有多大，你想多妙就有多妙,所以才有由“大”而“逝”,由“逝”而“远”,由“远”而“反”的感觉。这个“反”同“返”。

“故道大,天大,地大,人亦大。域中有四大,而人居其一焉。”老子讲的域中“四大”，其由大而次的顺序是:道→天→地→人。“域中有四大，而人居其一焉”，反映了道家特别重视人在自然中的地位和作用，这和我国先秦诸子百家的思想是相一致的，充分说明中华文化中的人文精神与上帝创造世界的西方文明和封建迷信是截然不同的。

“人法地，地法天，天法道，道法自然。”人效法大地的大度和包容，大地效法上天的无私和大公，上天效法大道的博大和精深，大道效法自然的无为和永恒。何谓“自然”？自然就是由自然之,或自然而然。道家之所以崇尚无为,正是以“自然”作为其哲学基础的。

在我国本土滋生和发展起来的有两大哲学体系，这就是儒学和道学。儒学是功业成就的泉源，道学是心灵栖息的家园。两者一入一出，一进一退，阳阴互济，相得益彰，共同构筑了雄健灿烂的中华文脉。

第二十六章

重为轻根[①]，静为躁君[②]。是以圣人终日行，不离辎重[③]，虽有荣观，燕处[④]超然。奈何万乘[⑤]之主，而以身轻天下？轻则失根，躁则失君。

注释

①根：根基。 **②君**：这里有基石的意思。 **③辎重**：行军时载有粮食和装备等物资的车辆。 **④燕处**：处于安闲的状态。燕：有安闲的意思。 **⑤万乘**：拥有万辆以上的战车。

解读

重能压轻，静可制动，这是人们的生活常识。如何认识重和静在人生中的作用呢？请听听老子是怎么说的。他说——

庄重是轻浮之根，安静是躁动之基。正是因为这个道理，得道的君王整日行进在外出途中，总是不离开载有衣物、粮食的兵车。虽然阵容极为荣显壮观，但他仍处于安闲的状态，显得十分超脱的样子。其实，一个万乘之国的大国之君，怎么会以躁动不安的举止而身轻于天下呢？轻率随便的行为会失去他的根本，躁动不安的举止会动摇他的基石。

在老子看来，一个得道的君王应该庄重而又“燕处超然”，其行为举止，应该和其身分相符。下面让我们再作些分析和解读。

“重为轻根，静为躁君。”重为轻之根，静为躁之基。这是全文议论的中心。这句话具有普遍的意义，于人、于事、于物无不如此。因为重能压轻，静可制动。句中的“躁”即躁动不安。“君”和“根”的意涵相同，都有根基、基石的意思。

“是以圣人终日行，不离辎重，虽有荣观，燕处超然。”古代君王的出行，旨在了解百姓的农耕、生活状况和民风民俗，当然也有游山玩水的成分。“不离辎重”，足显其庄严威重，当然，这在很大程度上也是从安全角度考虑的。“虽有荣观，燕处超然。”这里的“荣观”是指君王出行时的那种旌旗蔽空、冠盖相望、仪仗严整、鼓乐喧天的荣显壮观的场面。——这种场面很自然地会使我们想起楚霸王项羽年轻时说的话：“彼可取而代也！”（《史记·项羽本纪》）出行的阵容虽然荣显壮观，但车厢内的君王仍“燕处超然”，即处于十分安闲的状态，显得非常超脱的样子。这里的“燕”，有安闲的意思。“燕处”，即闲处、闲居，如“子之燕居，申申如也，夭夭如也”（《论语·述而》）。君王出行，“不离辎重”，队伍“荣观”，显示了其身份的尊贵和威重，但君王“燕处超然”，处于一种十分安闲、超脱的状态。这一重一静足以让他镇其国，安其民。因为安闲、尊贵应是君王之德。君王不能安闲、尊贵，则必致国脉紊乱，民心骚动。所以老子在第三十九章中说，“侯王得一以为天下贞”（贞，同“正”），“侯王无以贵高，将恐蹶”（蹶：有遭颠覆之意）。

讲到这里不能不指出的是，有些人把上述句中的“荣观”，理解为“华丽的宫阙”，或什么自然山水的“美景奇观”，这似乎都有失偏颇。

“奈何万乘之主，而以身轻天下？”这里以一个反问的句式来表达一个肯定的意思：一个万乘之国的大国之君，怎么会以轻率随便的行为和躁动不安的举止而身轻于天下呢？因为一国之君，特别是大国之君，踞六合之至尊，处天下之至贵，系社稷之安危，关百姓之祸福，其举止的威重和地位的尊贵是应该相符的。

“轻则失根，躁则失君。”这是从反面的角度强调了本章开头说的话，从而使文章首尾得以呼应。对于一个国君来说，如果他的行为轻率随便就会失去他的根本，举止躁动不安就会失去他的基石。这个根本，这个基石，对一个国君来说就是他的老百姓，不是有的人所理解的尊位或君位。即轻率随便的行为和躁动不安的举止，都会使他身轻于天下，失去天下百姓的尊敬和拥戴。君“轻”则国乱，君“躁”则民骚。这就从反面说明一国之君必须“重”，必须“静”。因为不重无以显其威，不重无以示其尊，不重无以镇其国。同样，不静其谋不深，不静其略不远，不静其民不安。故君重则国脉不乱，君静则百姓自安。可见“重”和“静”对于一国之君来说是何等的重要！

“重为轻根，静为躁君”；“轻则失根，躁则失君”。这都是至理之言，为君如此，为民亦然。孔子说：“君子不重则不威。”（《论语·学而》）一个人平时的行为举止严肃庄重，则不言自威；仪容仪态安详和悦，则身心必然安和。“望之俨然，即之也温，听其言也厉”（《论语·子张》），这就是君子风度。一切负有领导责任的人，一切有政治抱负的青年才俊，务必持重守静，自重自珍，善于思考，善“踱方步”，谨言慎行，以赢得人心的归附。

第二十七章

善行无辙迹[1]，善言无瑕谪[2]，善数[3]不用筹策[4]。善闭，无关楗[5]而不可开；善结，无绳约[6]而不可解。是以圣人常[7]善救人，故无弃人；常善救物，故无弃物。是谓袭明[8]。

故善人[9]者，不善人之师[10]；不善人者，善人之资。不贵其师，不爱其资，虽智大迷，是谓要妙。

注释

①**辙迹**：车轮压出的痕迹。 ②**无瑕谪**：没有错误可以指责。瑕（xiá），玉里面的斑点，这里指的是错误或破绽。谪（zhé）：指责，谴责。 ③**数**：计算。 ④**筹策**：古代计算用的工具。 ⑤**关楗**（jiàn）：关锁门户用的门栓。 ⑥**绳约**：即绳索。 ⑦**常**：恒，永久。 ⑧**袭明**：明白承袭自然之道。袭：承袭，因循。明，即明白。 ⑨**善人**：善于用人、驭人。 ⑩**师**：军师，首脑。

解读

在这一章，老子告诉我们一个治国理政的人，一个领导者应该具有的素养。文中共有十一个“善”字，这些“善”，并非善恶之善，都应该作“善于”解，所以全文可以这样来读——

善于行走的，没有踪迹；善于言说的，无懈可击；善于计算的，无须使用筹码；善于关闭的，即使没有门栓也打不开；善于扎结的，即使没用绳子捆扎也解不开。正是因为这样，圣人总是善于救助困厄之人，所以也就没有抛弃之人；总是善于修缮废旧之物，所以也就没有丢弃之物。这就叫做“袭明”，就是明白并因循了天理人心的自然之道。

正是因为这样，善于用人的人是不善于用人的人的首脑，不善于用人的人是善于用人的人的凭借和依靠。不尊重首脑，或不爱护他的凭借和依靠，即使他很有才智，也是一个头脑不清的人。这个道理就是关键、奥妙之所在。

老子善于运用比喻说理，他以十分辩证的思维和精辟的语言向我们阐述了作为一个领导者应该具有的素养，以及如何正确认识领导者和群众的关系。全章语言生动，义理精微，意涵丰富，令人深思。下面让我们再慢慢品读。

“善行无辙迹”。即善行者如行车之无辙。比喻一个高明的得道之人，做事看不出有明显的政绩，他只是因循自然，合乎天时地利，应乎人和，无为而为，“功成事遂，百姓皆谓我自然”（第十七章）。故其德如日月经天，无辙无迹，也犹如天地化育万物，“莫之爵而常自然”（第五十一章）。

“善言无瑕谪”。即善于言说的人，不胡言乱语，不信口开河，不大放厥词，他说的话无懈可击。因其言说的，上合天理，下合人道，是为人处世真实可信的道理，故无可指责。句中的“谪”有指责、谴责的意思，“无瑕谪”即没有破绽、错误可以批评。

“善数不用筹策”。即是说，一个善于算计筹划的人无须使用算具。以喻一个善于筹划的人，谋深略远，他总是能循道顺德而行，自然而为。因为他懂得事物运行发展的常规、常理，知其必然性，因此能“不行而知，不见而明，不为而成”（第四十七章），也就无须劳心费神。

“善闭，无关楗而不可开。”一个善于关闭的人，即使门后没有上栓，你也打不开。以喻其城府之深和堂奥之秘。他谨言慎行，其行为和意图谁也无法破解。因为事以密成。

“善结，无绳约而不可解。”一个善于结扎的人，即使没用绳子捆扎，你也无法使它开解。以比喻一个团队或集体的精诚团结，你根本无法使它分离、瓦解。足见这个团队或集体的凝聚力之强和这位领导者的领导艺术之高及其影响力之大。句中的“绳约”是一个双音词，即绳索，因为“约”就是绳索的意思，如《左传·哀公十一年》：“人寻约。”（每人一根八尺长的绳子。寻：八尺为一寻。）

“是以圣人常善救人，故无弃人；常善救物，故无弃物。是谓袭明。”须知这是圣人包容万物，因循天理人心之道，收揽民心之举。所谓“善救人”，即免人之死，济人之急，解人之难，救人之患；所谓“善救物”，即乐于从事旧时之修桥、铺路，修缮学校、祠堂、庙宇、亭廊之类的公益事业。“救人”、“救物”，尽力慈善，热心公益，是合乎天理人心的大德。这种因循天理人心的自然救济行为，是合乎道的。因此道之所在，天下归之。“常善救人”、“常善救物”，这就是“袭明”，即懂得承袭天理人心的自然之道。“袭”即承袭，因循。“明”即明白，懂得。人要成就大事业，实现自己的抱负，必须有人心的归附。“救人”、“救物”以济世，则民心之所归，如百川之下江海。

“故善人者，不善人之师；不善人者，善人之资。”它的意思我在前面已经讲了。那些“善行”、“善言”、“善数”、“善闭”、“善结”的人，就是“善人者”，是善于用人、驭人的人，他们是“师”，是首脑，是领导者。“不善人者”，指的就是广大的普通群众，但他们是“善人之资”，是领导者们所凭借和依靠的力量。这个“资”，有凭借、依靠的意思，如：“昔仲尼资大圣之才，怀帝王之器。”（《三国志·魏书·文帝纪》）又如，我们今天在奖状的结尾上常写的一句话：“特发此状 以资鼓励”。这两处的“资”字，都有凭借、依靠的意思。

讲到这里，不能不说的是，有些人把这个“资”字解释为“取”，并引申为“借鉴”，或解释为“资本”、“财富”等等，因此“不善人者，善人之资”就被理解成了“不善人可以作为善人的借鉴”，或“不善人是善人的一种财富”，等等，都是十分错误的，甚至是荒唐的。这或许是拘于前人的错误解释所致，当然也更是因为未得本章的要旨所致。那么本章的要旨何在呢？请继续看下面分解。

“不贵其师，不爱其资，虽智大迷，是谓要妙。”即不重视领导者的作用，或不爱护广大的普通群众这个领导者们所凭借和依靠的力量，那么即使他很有才智，也是一个糊涂虫。这个道理就是关键、奥妙之所在。这里的“要”有关键、要领的意思。从这里我们可以领略到近三千年前的哲人的智慧是何等的深湛！他看到了领导者的作用，更看到了群众的力量。两者互为依托，可以发挥更大的作用。这就是本章的要旨所在。

老子在这章中告诉我们一个领导者应该具有的素养，那就是：“善行”——善于作事，不求政绩；“善言”——善于言谈，不发谬论；“善数”——善于筹划，有深谋远虑；“善闭”——善于保密，处事缜密，不露蛛丝马迹；“善结”——善于凝聚人心，团结众人。此外，还要“常善救人”、“常善救物”以收揽民心。

老子在这章中还告诉我们领导者和群众的关系，那就是：“善人者，不善人之师”;“不善人者，善人之资”。而且还告诫我们“不贵其师，不爱其资，虽智大迷”。“善人者”如果没有“不善人者”作为依托，就成了光杆司令，没有了用武之地；“不善人者”如果没有“善人者”作为首脑，就会群龙无首，成为乌合之众。可见两者缺一不可。因此，领导者和群众应该互相尊重、爱护。这就是近三千年前的哲人的思想和智慧，它和“劳心者治人，劳力者治于人”(《孟子·滕文公上》)的儒家思想简直有天壤之别。

第二十八章

知其雄，守其雌，为天下谿[①]。为天下谿，常德不离，复归于婴儿。

知其白，守其黑，为天下式[②]。为天下式，常德不忒[③]，复归于无极。

知其荣，守其辱，为天下谷[④]。为天下谷，常德乃足，复归于朴[⑤]。

朴散则为器，圣人用之则为官长，故大制[⑥]无割。

注释

①**谿**：溪流。山里的小河沟。 ②**式**：标准，榜样，楷模。 ③**忒**（tè）：差错。 ④**谷**：两山之间的水道，即河谷。 ⑤**朴**：未加工的原木。这里指原始本真的质朴状态。 ⑥**大制**：巨大的原始物件。

解读

这一章，老子讲一个人的处世态度，但讲得非常玄妙，不好理解。他是这样说的——

你深知那雄健刚强的气势，就得以雌弱的心态去守护它，雌弱得好像山间流淌的小溪一样。这样你永恒本真的自然德性就不会消失，从而回复到婴儿那般为人的初始状态。

你深知那廉明清白的品质，就得以遭受污秽的心态去守护它，从而为众人所敬仰，成为天下人的楷模。这样你永恒本真的自然本色就不会发生偏差，从而回复到无极的境界。

你深知那荣显尊贵的地位，就得以屈辱的心态去守护它，屈辱得如同位势低下、善于包容的河谷一样。这样你永恒本真的自然德性就会不断得到充实，从而回复到原始本真的质朴状态。

自然、质朴的事物就像尚未加工的原始木材，要是把它锯散，那就只能制作一般器具了。圣人就不是这样，他是把那本真、质朴的事物当作掌控天地万物的尊长来看待。所以原始本真的大物件是不能截割分解的，否则就失去了它原来整体本真的价值。

老子讲的这些话，其实指的就是一个有德养的人应该具有的处世态度。老子主张人的品性应该返朴归真，认为只有这样，才合乎道，才能使他的事业、功业得以永存，当然也只有这样，才能体现厚德之人的自身价值。老子的那些话讲得非常奥妙，甚至有点玄。因此，只有好好研读，才能有所悟解。

“知其雄，守其雌，为天下谿。”雄健刚强的气势令人敬畏，但应该以雌弱的心态或行为来守护它，雌弱得如同山间不起眼的小溪一样。在这里，老子以山间自然流淌的、细弱得不起眼的小溪来形象地比喻一个人的处世态度。为什么要这样呢？下一句告诉你。

“为天下谿，常德不离，复归于婴儿。”能够像山间自然流淌的小溪那样，那么他自由、欢快的自然德性就不会消失，从而回复到婴儿那般为人的初始状态。山间潺潺流淌的小溪因其细弱（相对于具有雄姿的大江大河来说）而不被人重视，但舒畅、自由、欢快是它的“常德”，意即为人要是有了这样一种人生态度，就会如同小溪一样自由、欢快，从而回复到婴儿般的欢悦自在、舒坦无虞的状态。老子常常拿婴儿说事，就是因为婴儿是人的初始状态，是人之“朴”。他无私无欲，因此也无忧无虑，愉悦自在，如同山间自然流淌的小溪一样欢快、自由。

“知其白，守其黑，为天下式。”廉明清白的品质令人仰慕，但应该以遭受污秽的心态去守护它，这就保持了其高风亮节，自然成了天下人的楷模。这里的“黑”可以理解为污秽、肮脏等负面的事物。“式”即样式，句中有榜样、楷模的意思。皦皦者易污。老子认为应该以一种怕受糟蹋的心态去守护它。为什么要这样呢？请看他下面说的。

“为天下式，常德不忒，复归于无极。”成了天下人的楷模，那么他质朴的自然本色就不会发生偏差，从而回归到了道。句中的“忒”，即差错的意思，如“日月不过，而四时不忒”(《周易·豫》)。前一句所说的“知其白”，这个“白”，是一种没有颜色的自然本白。显然，这种自然的本白是属于“朴”的。一个人要是保持了这种自然本白，即原来质朴的本色，那就守护了“朴”。为什么可以这样说呢？老子认为，这种没有颜色的自然本白就是事物原来质朴的自然本色，而事物这种质朴的自然本色正是它的“常德”。意即一个人无须矫揉造作，只要保持其原来的自然本色，就会使他的人生回复到“无极”的境界，即“道”的境界。

“知其荣，守其辱，为天下谷。”荣显尊贵，世人所求，但应该以一种屈辱的心态来守护它，就像山间的河谷一样，居下处后，不择细流，善于包容。读到这里的时候，有两个字需要注意，这就是“谷”和前面的“谿”。其实，这两个字指的都是两山之间的流水道。一般说来，小的为“谿”，大的为“谷”。即“谷”是由众多的“谿”汇聚而成的。在这里，老子以位势低下、不择细流的河谷来比喻一个有德养之人的品德。有了这样一种谦下、包容的品德，将会达到怎样的效果呢？继续看下面说的。

“为天下谷，常德乃足，复归于朴。”有了如同河谷一样的品质，那么他坦荡、包容的自然德性就会不断得到充实，从而回归于大道。河谷因其位势低下，为众“谿”之所归，因此水量丰沛充足就是它的“常德”。隐喻一个有德养的人具有居下处后、善于包容的品德，可以使他终成利益丰满。所谓“复归于朴”，就是回归到了道。

综上所述，“知其雄，守其雌”、“知其白，守其黑”、“知其荣，守其辱”，这些“正言若反”（第七十八章）的话，既反映了事物的辩证统一，也强调了一个有德养之人应该具有的处世态度。在这里，需要特别指出的是:“守其雌”，不是为了称其“雄”；“守其黑”，不是为了昭其“白”；“守其辱”，不是为了显其“荣”，而是要达到“复归于婴儿”，“复归于无极”，“复归于朴”，即回复到一个人初始本真、质朴的自然状态，因为只有这样才是合乎道的。

读到这里的时候，你必须明白，老子的那些话其实是在告诫人们，一个人即使发达了，仍要以质朴谦恭自守，不要让那些地位、荣誉或富贵成为你傲世的资本或做人的负担，要永远保持发达前的那种自然、自在的本色，切不可称“雄”而扬其威，昭“白”而彰其德，显“荣”而示其贵。

下面我们再来看老子说的最后一席话。

“朴散则为器，圣人用之则为官长。故大制无割。”这话的意思是说，本真、质朴的事物就像尚未加工的原始木材，要是把它截割分解，那就只能制作一般的器具了，而圣人却把那本真、质朴的事物当作尊长来看待。所以原始、本真、质朴的大物件是不可以分割的。——须知，这只是字面上的意思，许多人的理解也就停留在这里，我以为其意涵并不止于此。

老子认为，“知其雄，守其雌”、“知其白，守其黑”、“知其荣，守其辱”，这些有关道的理论看起来似乎是对立的，其实是统一的。如果把它们完全对立起来，甚至分割开来，那就“朴散则为器”，这个道也就成了毫无意义的东西，所以老子才说“大制无割”。老子说的这个“朴”，这个“大制”指的就是道，或者说道的理论，具体地说，就是他前面说的“雄”“雌”、“白”“黑”、“荣”“辱”的那番话。所谓“朴散则为器”、“大制无割”，都是意味着道的理论是一个统一的整体，是不能分割的。意即矛盾、对立的双方是互为依存的，是统一的。因为非此，无以使事物达到和谐而永恒。

关于事物存在矛盾性的观点和对立统一的辩证的思维方法正是老子思想的精髓，也是道的理论的精神所在。这在他的许多篇章中都有不同程度的体现。

老子还认为，道的理论是世间最原始、最自然，当然也是最基本、最朴素的理论，所以他把这个“道”比作尚未加工的粗朴的原木，简称为“朴”，也把道比作掌管天地万物的尊长，意即可以用它来掌控（更确切地说是认识或者解释）世间发生的一切事物。句中的“官长”，意为“尊长”。有的人把它理解为“百官之长”，那是望文生义。

读完了全章，我们不禁为老子深湛的智慧所感叹。一切有远大人生抱负的人都应该“知其雄，守其雌”；“知其白，守其黑”；“知其荣，守其辱”。这是天理人心之道。为什么呢？因为你的那种雄健刚强的气势、廉明清白的品质和荣显尊贵的地位，必然会招致他人的妒忌，甚至诋毁和恶讦，这是人心使然，是人的一种自然本性，唯有雌弱、污秽、屈辱的心态、言语或行为才能守护它，当然也只有这样才是合乎道的，从而使自己的人生达到“为天下谿”、“为天下式”、“为天下谷”的玄妙自然的境界。

第二十九章

将欲取天下而为之，吾见其不得已[1]。天下神器，不可为也。为者败[2]之，执[3]者失之。故物[4]或行或随，或嘘或吹，或强或羸[5]，或挫或隳[6]。是以圣人去甚[7]，去奢[8]，去泰。

注释

①已：语气词，同“矣”。 **②败**：毁坏。 **③执**：拿，握。 **④物**：除自己以外的人和物。这里泛指天下事。 **⑤羸**（léi）：瘦弱。 **⑥隳**（huī）：毁坏。按：句“或挫或隳”，帛书《老子》隶本为“或陪或隳”。**⑦甚**：过分。 **⑧奢**：奢侈，浪费。

解读

这章反映的是老子的治国理念。他这样说——

有人想治理天下，并有所作为，我看他不见得能行。因为天下就像一个神器，不能有意而为之。如果企图有意而为之，将会损坏这个神器；有意而去把持这个神器，将会失去这个神器。天下的事是错综复杂的，譬如有的事情依规而行，有的事情却跟风而起；民间舆论，道听途说，有呼有叫，各方呼应；地方势力有强有弱，盘根错节；政局动荡，民变蠭起，有的被挫败了，有的却毁坏了城垣。等等。正是因为天下难治，所以圣人治国，一是要去除行政行为方面的过分和极端，二是要去除生活方面的奢侈和浪费，三是要去除国家财用方面的大手大脚。

这就是老子的治国理念。全文可以分为三个层次，我们先来看第一个层次。

“将欲取天下而为之，吾见其不得已。天下神器，不可为也。为者败之，执者失之。”天下可不是一个小姑娘，可以随意妆扮的。“将欲取天下而为之”，似乎天下可以随意而为，这显然有悖于老子一向主张的“无事”、“无为”的原则，为有道者所不处。天下的治乱有其自身的演变规律，不懂得这个规律，胡作妄为，只能祸国殃民。故有意而为之，“其不得已”。“已”，语气词，同“矣”，如“夫神农以前，吾不知已”（《史记·货殖列传》）。在这里，老子还把天下比作一个“神器”，所以你最好不要去碰它，因为“为者败之，执者失之”。为什么呢？请看下面第二个层次。

“故物或行或随，或嘘或吹，或强或羸，或挫或隳。”对于这些话的理解众说纷纭，莫衷一是。我以为这些话指的是错综复杂的社会现象，并不是某几个人的行为，我们应该站在国家层面来理解这些话。天下之所以不能任意而为，那是因为天下的事情是错综复杂的，有许多意想不到的事随时都有可能发生。老子在这里举了四个方面的例子，一是“或行或随”。可以理解为有的事依规而行，有的事却跟风而起。二是“或嘘或吹”。这不是一种简单的呼叫行为，指的是社会舆论。它有呼有叫，各方呼应；蛊民惑众，扰乱人心。古人说“众口铄金”（《国语·周语下》），意即社会舆论可以把金属都熔化。足见社会舆论的威力之大。异端邪说、不良舆论，必致民心骚动，导致社会混乱。三是“或强或羸”。指的是地方势力。它有强有弱，盘根错节，影响或左右官方的施政。中国民间俚语有云：强龙难压地头蛇。因此，官方的意图、行为和地方势力有一个磨合、整合的过程，协调之后才能调和鼎鼐。四是“或挫或隳”。指的是民变，即百姓的造反行为：有的遭受挫败，被镇压了；有的却毁坏了城垣，造成了极大的破坏。诸如此类的社会现象，说明风云莫测，“天下神器，不可为也”。

最后让我们来看第三个层次。

“是以圣人去甚，去奢，去泰。”这里的“甚”、“奢”、“泰”三字都有过分、过度的意思。“去甚”，指的是去除国家施政方面过分、过急的行为，因为“过犹不及”(《论语·先进》)，事情做过了头比不做还要坏。“去奢”，指的是去除衣、食、住、行等生活方面的奢侈和铺张浪费，主要是指王公贵族。“去泰”，指的是去除国家财用方面的大手大脚。这个“泰”，除了过度的含义之外，还有宽裕、大方的意思，如“凡虑事欲孰而用财欲泰”(《荀子·议兵》，孰：同“熟”，深思熟虑)。因此在句中可以引伸为大手大脚。正是因为国家难治，所以得先从封建统治集团内部的整饬开始。当然，这也反映了老子励精图治的治国思想，也是和道家一贯主张的节俭的精神相一致的。

老子关于“天下神器，不可为”的主张，是其“无事”、“无为”思想在政治上的反映。当然，这在体现他谨慎的同时，也反映了他在政治上保守的一面。

第三十章

以道佐[①]人主者，不以兵强天下。其事好还[②]：师之所处，荆棘生焉；大军之后，必有凶年。善有果而已[③]，不敢以取强。果而勿矜[④]，果而勿伐[⑤]，果而勿骄[⑥]，果而不得已，果而勿强。物壮则老，是谓不道。不道早已。

注释

①**佐**：辅佐。　②**好还**：很容易得到报应。好：容易。还，同返，即报应。　③**善有果而已**：善于用兵的人达到目的就该休战。已：停止，完毕。　④**矜**：傲慢。　⑤**伐**：夸耀。　⑥**骄**：自满。

解读

史说"春秋无义战"。春秋时期，诸侯各国之间战争频仍。正如孟子所云："争地以战，杀人盈野；争城以战，杀人盈城。"（《孟子·求也为季氏宰》）那么老子是如何看待当时因统治者的贪婪而发动的不义之战的呢？他说——

一个以道辅佐国君的人，是不会以武力去逞强天下的，因为那样很容易得到报应：军队驻扎过的地方会荆棘丛生，战事结束，大部队撤走以后必有凶荒之年。善于用兵的人达到目的就该休兵，不可再以此逞强。战胜了不要傲慢，战胜了不要夸耀，战胜了不要自满，战胜了也是出于不得已，战胜了也不要再逞强。天下的事物总是这样，强盛到一定时候就会趋向衰败，因为这不合乎道，不合乎道就会很快终结。

这就是老子对战争的认识和态度。

“以道佐人主者，不以兵强天下，其事好还。”文章一开始就告诉我们，以道辅佐君王的人，之所以不以武力逞强天下，那是因为战争很容易得到报应。“还”同“返”，即遭报应的意思。战争关乎国之存亡，民之死生，是一件必须严肃考虑的事，故《孙子兵法》开篇就说：“兵者，国之大事，死生之地，存亡之道，不可不察也。”(《孙子兵法·谋篇》)

“师之所处，荆棘生焉；大军之后，必有凶年。”这就是战争所造成的后果。军队驻扎的地方，百姓逃离，田园荒芜，荆棘丛生。战事结束，大军撤离，到处残垣断壁，狼烟弥漫；尸体遍野，恶臭冲天。凶荒之年遂至。这就是战争招致的报应。所以老子说：“兵者不祥之器，非君子之器，不得已而用之。”（第三十一章）

“善有果而已，不敢以取强。”即善于用兵的人，达到目的就该休兵，不可再以此逞强，或以战胜者的强势地位威胁他人。“善”即善于用兵的人；“有果”即有了结果，达到了用兵的目的；“已”即停止，休战。“不敢”则是“决不”的一种谦词。天下太平，忘战必危；国虽强，好战必亡。这就是战争的辩证法。

“果而勿矜，果而勿伐，果而勿骄，果而不得已，果而勿强。”战胜了不要傲慢，不要夸耀，不要自满，战胜了也实在是出于不得已，切不可再恃强凌弱。这里运用排比的句式，是老子对用兵者的再三告诫，当然也反映了老子对战争的态度。这里的“矜”是傲慢的样子，“骄”则有自满的意思；“矜”主要表现在行为上，“骄”主要体现在心理上。

“物壮则老，是谓不道。不道早已。”这是全章的结论。战争如此，其实世间的许多事物也无不是这样。天下事物总是由弱而强，由强而衰，最后由衰而终。事物盛壮到一定程度以后，就会趋向衰败，靠战争倔起的国家尤其如此。孟子说：“威天下不以兵革之利。”（《孟子·公孙丑下》）穷兵黩武，威服天下，不合乎天道，也不合乎人道，即不合乎道。不合乎道，就会早早终结，不可能久长。

由此可见，老子反对战争，尤其反对穷兵黩武、威服天下的背道行为，这和儒家的思想是一致的。

第三十一章

夫唯[1]兵者，不祥之器，物[2]或恶之，故有道者不处[3]。君子居则贵左[4]，用兵则贵右。兵者，不祥之器，非君子之器，不得已而用之，恬淡为上。胜而不美，而美之者，是乐杀人。夫乐杀人者，则不可得志于天下矣。

吉事尚[5]左，凶事尚右；偏将军居左，上将军居右。言以丧礼处之。杀人之众，以悲哀立之[6]。战胜，以丧礼处之。

注释

①**唯**：由于。　②**物**：指自己以外的所有人和物。这里有众人的意思。③**处**：占据，占有。　④**左**：古人以右为尊位，左为次等的地位。　⑤**尚**：重视的意思。按：一些传世本为“上”。　⑥句从帛书《老子》篆本和隶本。王弼本为“以悲哀泣之”。

解读

这是前一章思想的继续和发挥。老子继续他的谈兵论道，他说——

由于军事犹如一件不祥之器，大家都厌恶它，所以有道之士不干那事。不过，君子在平时，也只是把军事看重到次要的位置，只有在要用兵的时候才会把军事放在重要的位置上。军事犹如一件不祥之器，它不是君子使用之器，不得已才使用它，应以淡然为好。战胜了也不是一件好事情。如果把它当作一件好事情，那是喜欢杀人的人，而喜欢杀人的人是不可以得志于天下的。

对于吉事，人们平时也只是把它重视到次要的位置，只有在遇到凶事的时候才会把它放在重要的位置上。用兵也是这样，总是把非主力部队的将领放在次要的位置上，而把主力部队的将领放在重要的位置上。出征誓师的誓言和临别赠言的表达，应按照丧事的礼仪来办理。打仗死人很多，当以沉痛的心情为之肃立默哀，并以此来吊唁追悼他们。战胜了也要按丧礼处置。

老子的这些话给人一种肃穆、凝重的感觉。我们似乎看到了部队出征誓师时的悲壮场面，也似乎看到了狼烟弥漫、尸横郊外的惨酷战场！

“夫唯兵者，不祥之器，物或恶之，故有道者不处。”老子反对战争，他把军事比作一件不祥之器，认为大家都会厌恶它，回避它，所以有道之士是不干那事的。句中的“兵者”指的是军事，有的人把它理解为“兵器”，似有不妥。

“君子居则贵左，用兵则贵右。”这句话其中有省略，所以读起来有点让人费解。其意是，君子在平时也只是把军事看重到次要的位置，只有在要用兵的时候才会把军事放在重要的位置上。这句话中的“居”字，有平时、平常的意思，如双音词“平居”、“居常”。“贵”，这里作动词用，有重视、看重的意思。所谓“贵左”，即只是看重到次要的地位；“贵右”即放在重要的位置上。古人视右为上位，左次之。我们今天也是这样。

“兵者，不祥之器，非君子之器，不得已而用之，恬淡为上。”老子重复了开头说的话，并且说是“不得已而用之”，即是说，战争是最后的选择，是没有办法的办法。所以应该把它看得淡然一些为好。

“胜而不美，而美之者，是乐杀人。夫乐杀人者，则不可得志于天下矣。”这句话比较好理解，因为“威天下不以兵革之利”（《孟子·公孙丑下》）。句中的前一个“美”，即美善，“不美”即不是美善之事。“美之者”中的“美”，则有赞美或津津乐道的意思。老子告诉我们，一个好战、乐于杀人的人是“不可得志于天下”的。因为服天下者，唯以仁德。

“吉事尚左，凶事尚右。偏将军居左，上将军居右。”句中的“尚”与前面“贵”的意思相同，都有看重、重视的意思。吉事，尽管是一件好事，甚至是大事，但人们也只是重视到次要的地步，只有在遇到凶事的时候，才会把它放在重要的位置上（意即战争是一件凶事）。用兵也是这样，非主力部队的将领居于次要地位，而主力部队的将领则居于主要地位。这是符合情理的。

“言以丧礼处之。杀人之众，以悲哀立之。战胜，以丧礼处之。”这里的“言”，是指誓师时的誓言和出征时的临别赠言。老子说，这些言语的表达应按丧礼的仪式来处理。其情其景，似有“风萧萧兮易水寒、壮士一去兮不复还”（《史记·刺客列传》）般的悲壮！战争结束了，死人那么多，当以沉痛的心情为之肃立默哀，吊唁追悼阵亡的将士。就是胜利了，也应该按丧礼去处置战后的各项事宜。这也是符合情理的，因为非此无以抚慰生者的心灵。

读完全章，不禁使我想起屈原《九歌·国殇》中描写的激烈悲壮的战争场面：

操吴戈兮被犀甲，车错毂兮短兵接。

旌蔽日兮敌若云，矢交坠兮士争先。……

天时坠兮威灵怒，严杀尽兮弃原野。……

身既死兮神以灵，子魂魄兮为鬼雄。

战争使一将功成万骨枯。战争是不合乎道的，所以老子反对战争。

第三十二章

道常无名。朴[①]虽小,天下莫能臣[②]也。侯王若能守之,万物将自宾[③]。天地相合，以降甘露，民莫之令而自均。

始[④]制有名。名亦既有,夫亦将知止。知止可以不殆[⑤],譬道之在天下，犹川谷[⑥]之于江海。

注释

①朴：未加工的粗朴原木，这里指的是道。　**②臣**：臣服。**③宾**：宾服。这里有归服的意思。　**④始**：才。　**⑤殆**：危险，灾难。按：此句一些传世本为“知止所以不殆”。　**⑥谷**：山间的河谷。

解读

这章老子继续坐而论道，他这样说——

道，永远没有名称，它好像是尚未加工的粗朴原木，虽然看上去很小，天下却不能因此使它臣服。侯王如果能守护它，万物将归服自化，如同天地阴阳化育降下甘露一样，而人们却从来没有叫它们做得那样公平。

道，生畜了万物，才规定了名称。现在名也全都有了，万物的繁衍也该适可而止了。知道该适可而止，就不会有灾难，犹如大道之行于天下，也好像河川、溪水之归于江海。

老子的这些话，我把它编辑为两个自然段，我们先来看前一个自然段。

“道常无名。”道，在前面已经讲得比较多了，我们虽然无法对它定义，但对于它的意涵我们已经比较清楚了。道是超乎形象的，无法对它赋名，所以才有“道常无名”之说。“道”，只是个代号而已，道之谓道，实在是无名之名。“道常无名”，所以才能永恒，因为任何有名的有形之物是不可能久长的。

“朴虽小，天下莫能臣也。”所谓“朴”，指的就是未加工的原始木材，因为它保持着原始的本真状态，所以是粗朴的。从这个意义上讲，所有原始本真的未经修饰的事物都含有“朴”的性质。如老子常说的“婴儿”就是人之“朴”，是为人的一种初始状态。当他饥饿的时候一定会啼哭，他不可能像成人那样忍耐或矫揉造作；又譬如黄梅天，天气闷热，一定要下雨。你能控制饥饿的婴儿不哭闹吗？你能控制闷热的天气不下雨吗？不能。因为这是“万物之所然也，万理之所稽也”（《韩非子·解老》），是情理、天理使然。这个情理、天理并无大小之分，所以老子说“朴虽小，天下莫能臣也”。这个“臣”有使之臣服的意思。

“侯王若能守之，万物将自宾。”正因为“朴”是事物内在规律的体现，是无法改变的，因此人们行事必须遵循事物的这个规律，要遵从这个朴，遵从朴就是合乎了道，侯王要是能守护这个朴，万物将如同宾客来归。可谓道之所在，天下归怀。句中的“宾”，有宾服、归顺之意。

“天地相合，以降甘露，民莫之令而自均。”这是一个比喻。侯王要是能抱朴守道，就会如同天地阴阳化育万物公平地降下甘露一样，而人们并没有叫它们那样做。“均”，即均匀，这里有公平的意思。“天地相合，以降甘露”，这是天地的无为之为，是天地的一种自然德性，即天地之德。老子认为侯王治国也应该这样。

下面我们再来看后一个自然段。

“始制有名。名亦既有，夫亦将知止。知止可以不殆，譬道之在天下，犹川谷之于江海。”这些话很好理解，它的意思我前面已经说了。句中的“既”，即全部、都的意思，如“既以为人，己愈有；既以与人，己愈多”（第八十一章）。

道生万物，遂制其名。不过，问题也来了，万物繁衍越来越多，是否会出问题呢？生活常识告诉我们，在一个有限的区域内，动、植物的数量是不可能无限增加的。譬如在一个动物生存的区域内，其数量是应适可而止的，否则就会发生病害。同样，农民为了获得农作物的丰产，在一个有限的区块内，对作物植株的密度也是有个限度的，超过了这个限度，非但不能增产，反而歉收了。这些都是大家熟悉的道理。生物学的知识也告诉我们，在一个生态系统中，各个群落的生物种群的数量或规模也是有个适当限度的，超过了这个限度，这个生态系统就被破坏了。所以老子认为，道生万物越来越多，“亦将知止”。只有适可而止，万物才得以生息繁衍而不殆，犹如大道之行于天下，也好像河川、溪水之归于江海。这就是近三千年前的哲人的先知和先觉！

第三十三章

知人者智[①]，自知者明[②]；胜人者有力，自胜者强；知足者富，强行者有志；不失其所[③]者久，死而不亡者寿。

注释

①智：聪明，有智慧。 **②明**：明智。 **③所**：处所。句中指赖以生存的基础或最擅长的本领。

解读

中国人十分重视自身的人格修养，老子的这些话就是人格修养的至理名言。他这样说——

能够了解他人的，是一个很有智慧的人；能够正确认识自己的，是一个很明智的人。能够胜过他人的，是他的力大；能战胜自己，超越自我的，那才是一位强者。一个易知足的人，会觉得自己非常富有；一个有意志、有毅力的人，会有远大的人生抱负。不失去其赖以生存的基础，那他就会永远立于不败之地；虽已死亡，但其功业和声望依然留芳的人，才称得上长寿。

老子说的这些话都是信言，真言，令人回味，也令人深思。下面不妨再让我们作些分析和解读。

“知人者智，自知者明。”知人是要有智慧的。如何知人呢？其实一个人平时的、一贯的表现或行为最能反映其胸襟和品质。战国时期，魏国的李克曾经对魏文侯说：“居视其所亲，富视其所与，达视其所举，穷视其所不为，贫视其所不取。五者足以定之矣。”(《史记·魏世家》)李克说的话就是知人、取人的方法和原则。其实，知人是一件很难的事，因为人心险于山川，难于知天。现在让我引用一段《史记·齐太公世家》中齐桓公和管仲的对话，以飨读者：

……管仲病，桓公问曰：“群臣谁可相者？”

管仲曰：“知臣莫如君。”

公曰：“易牙如何？”(易牙：人名。)

对曰：“杀子以适君，非人情，不可。”

公曰：“开方如何？”(开方：人名。)

对曰：“背亲以适君，非人情，难近。”

公曰：“竖刁如何？”(竖刁：人名。)

对曰：“自宫以适君，非人情，难亲。”(自宫：阉割自己的生殖器。)

管仲死，而桓公不用管仲言，卒近用三子。三子专权。……桓公病，五公子各树党争立。及桓公卒，遂相攻。……桓公尸在床上六十七日，尸虫出于户。

这就是齐桓公不听管仲的话所招致的后果。管仲之所以智，以其识人也。

至于“自知”，那是自己对利弊、得失的一种权衡而作出的明智选择。三国时，孙权劝曹操当皇帝。曹操说，这小子是要把我放在炉火上烤。因为他知道，挟天子以令诸侯比自己当皇帝顺得多，好得多。清代湘军统帅曾国藩在取得镇压太平军的决定性胜利前后，他的幕僚曾经有人暗示他灭清皇朝而代之。他诚惶诚恐，最终以“毅勇侯”作为人臣的楷模。这些都是因为“自知”而作出的明智之举。每一个人根据自己的人生抱负，自身的德望和才能，都该有一个自己的人生定位。否则，轻举妄动，“亢龙有悔”(《周易·乾》)。明末清初的吴三桂由归清到叛清，故多为后世诟病。

“胜人者有力，自胜者强。”胜人之力或为体力、智力，或为权力、势力，而自胜者就不同了，他凭借的是自己的意志和毅力，这种自强不息、超越自我的人才是一位强者，是不可小觑的。这样的人有远大的理想，也因此特别能刻苦耐劳，所以苦心人天不负，有志者事竟成。

“知足者富，强行者有志。”对一个容易知足的人来说，他的要求和欲望总是很少、很小、很低的，一旦实现了，就会感到满足、富有和精神上的愉悦。故知足者常乐，知足者无祸，知足者无咎。因为“祸莫大于不知足，咎莫大于欲得”(第四十六章)。所谓“强行者”，乃是有志于天下的俊士豪杰，因其有远大的人生抱负，故有识见，有担当，言出必行，行必有果，不怕艰难险阻，百折不回。这样的人才是民族的脊梁，国家的栋梁！

“不失其所者久，死而不亡者寿。”所谓“不失其所”，即不离开他赖以生存的基础，不抛弃他最擅长的事业或专业，如鱼不离开水，植物不离开土壤。那样的人才会永远立于不败之地。“所”，指的是处所或最适宜的地位和行当。这个“所”，对于为政者来说，就是他赖以在位的民意、民心；对于军事割据时期的新政权来说，就是它的根据地；对于一个普通百姓来说就是他最擅长的专业或行当。所以不管你的工作因需要而发生怎样的变动，请你切记老子的话，“不失其所”，不要丢掉吃饭的饭碗。所谓“死而不亡者”，即辅国安民，为国立功；懿行善举，为民立德；著书立说，为世立言。所有这些都是人生不朽的事业，故虽死犹生。“死而不亡者”之所以“寿”，更因其主导风气、转移国运的大担当、大作为、大气魄、大胸襟而影响后世。北宋时期的张载说：“为天地立心，为生民立命；为往圣继绝学，为万世开太平。”（《近思录拾遗》）这样的人焉能不寿？

第三十四章

大道泛[1]兮，其可左右[2]。

万物恃[3]之而生而不辞[4]，功成不名[5]有，衣[6]养万物而不为主[7]。常无欲，可名于小；万物归[8]焉而不为主，可名于大。以其终不自为大，故能成其大[9]。

注释

①**泛**：广泛，普遍。 ②**左右**：参见第三十一章注释。 ③**恃**：依仗，依靠。 ④**辞**：说话，言语。 ⑤**名**：名分，作用。 ⑥**衣**：作动词用，这里有遮蔽、庇护之意。 ⑦**主**：主宰。 ⑧**归**：归附。 ⑨最后一句，汉简帛本为"是以圣人之能成大也，以其不为大也，故能成大。"

解读

这一章从内容上讲是第二章和第十章的继续和发挥，老子热烈讴歌大道之德，他这样说——

大道泛布、充斥于天地宇宙之间，它的作用可以无关紧要，也可以显得非常重要。

万物依靠它得以生息繁衍，而它从没一句话；大功成就了，也似乎不曾有它的名分；荫庇滋养万物，却从来不去做它们的主宰。它永远没有功利之欲，当然名分也很小；万物都愿意归附它，却不做它们的主宰，自然它的名分变大了。正因为大道始终不自以为大，所以才显得它的作用更大。

这就是全章的内容。在这里老子热烈颂扬大道之德，特别是那句“以其终不自为大，故能成其大”的话，更能扣动每一位读者的心弦。下面再让我们作些回味和品读。

“大道泛兮，其可左右。”这里的“泛”可不是泛滥的意思。有的人把首句理解为“大道像江河流行泛滥，它可以左，也可以右，汹涌澎湃，无边无际”，那就大错特错了，而且简直有点让人忍俊不禁。这个“泛”在这里是广泛、普遍的意思，如成语“泛泛而谈”，句中则有泛布、充斥的意思。所谓“大道泛兮”，意即大道泛布、充斥于天地、宇宙之间，它无处不在。还需要特别注意的是句中的“左”、“右”两字，它在这里不是方位词，这在第三十一章老子谈兵论道时我们就已经涉及了。人们常把“右”视为尊位或上位，“左”为次等的位置，古今如此。因此，“左右”一词，在这里有次要、重要的意思。在理解了“泛”和“左右”这些词语的意义以后，首句的意思就十分明白了：大道泛布、充斥于天地宇宙之间，它的作用可以无关紧要，也可以显得非常重要。为什么可以这样说呢？下面这些话对此作了具体的解释。

“万物恃之而生而不辞，功成不名有，衣养万物而不为主。”这些话的意思我们已经耳熟能详，因为类似的话在第二章，第十章已经读过，它体现的都是大道之德，隐含着大道永无功利之欲。这里有个字“衣”需要注意，它作动词用，有荫蔽、保护的意思。这三句话对本章开头的话作了具体的解释：“万物恃之而生”——大道的作用显得非常重要；“而不辞”——大道的作用似乎无关紧要。“功成”——大道的作用显得非常重要；“不名有”——大道的作用似乎无关紧要。“衣养万物”——大道的作用显得非常重要;“而不为主”——大道的作用似乎无关紧要。所以老子才说:“大道泛兮,其可左右”。可见本章首句,在全章起着总提的作用。

句中的“名”,在本章中是一个很关键的词,它有名分,作用的意义。(这在第一章,第十一章我就已经作了解释,这里不再赘述。)所谓“功成不名有”,即大功成就了却未曾有它的名分(或者说,未曾有它的贡献和作用)。有些人把这个“名”,理解为“名声”,“名气”,或者什么“美名”,那就有失偏颇了。

“常无欲,可名于小;万物归焉而不为主,可名于大。”这两句话围绕着一个“名”说理,其实还是在说明“大道泛兮,其可左右”:“常无欲,可名于小。”——大道的作用似乎显得无关紧要;“万物归焉而不为主,可名于大。”——大道的作用显得非常重要。大道永远没有功利之欲,当然名分、作用也很小;万物都归附它却不做主宰,理所当然它的名分、作用变大了。这就是大道的玄妙:你想有名分,偏没名分;你不想有名分,名分反而变大了。这就是事物的辩证法。

在老子的那句话中还有一个字值得推敲,这就是“可”字。“可”有合宜、合适的意思,如我们平时说的“可口”。在句中可以引伸为自然,当然,或理所当然。“可名于小”即自然名分、作用也很小,“可名于大”即理所当然名分、作用变大了。“可”在古汉语中没有“可是”、“但是”这样一种转折的意思。

下面我们看最后一句。

“以其终不自为大,故能成其大。”这是根据前面的论述,由大道之德得出的结论。每一个有人生抱负的人,每一个想成就大事业的人都应该这样,不图名,不谋利,不心存功利之欲。只要对国家,对人民,对他人有利的事我就干,老老实实地干,认认真真地干。做小人，干小事，服务人民，利益大众。在事关国家，事关人民的重大问题时，则置个人的荣辱、生死于度外。只有这种许身国家、许身天下的大胸襟、大担当才能赢得民心，才能不以自名而成其名，不以自大而成其大。事未行而谋其利，事未成而图其名，君子不处。

第三十五章

执大象[1]，天下往。往而不害，安平太[2]。

乐与饵[3]，过客止；道之出口，淡乎其无味。视之不足见，听之不足闻，用之不足既[4]。

注释

①大象：即道。　**②太**：通“泰”，有亨通，顺达之意。　**③饵**（ěr）：泛指食物。　**④既**：尽。

解读

在这一章，老子大谈道给人们带来的好处。他这样说——

执守大道，天下皆为归往。归往并没有什么害处，它只会给国家带来安定，给天下带来太平，给万事带来泰顺。

美妙悦耳的音乐和香气诱人的美食，会让来往的过客伫足欣赏和品嗅。道，虽出于人之口却淡然无味。你想看它，却不值得一看；你想听它，也不值得一听；只有你用它的时候，才觉得它无穷无尽。

这就是老子对道的赞美！下面让我们再作些分析和研读。

“执大象，天下往。”执守大道，天下皆为归往。为什么可以达到这样的效果呢？全章的议论就由此而起。所以首句是全章的总提。“大象”是什么？第十四章说，道“无状之状、无物之象，是谓惚恍”，第二十一章又说“惚兮恍兮，其中有象”。“象”，即形象。“大象”，即其形象大得无边无际，以至“大象无形”（第四十一章）。可见“大象”是道的另一种说法。第三十二章说：“侯王若能守之，万物将自宾。”第三十七章又说：“侯王若能守之，万物将自化。”执守奉行大道，就会如同春风化雨，万物兴作；百姓和乐，社会和谐。道之所在，天下归焉。所以天下皆为归往是很自然的事。

“往而不害，安平太。”天下皆为归往，没有什么害处，它只会给国家带来安定，给天下带来太平，给万事带来泰顺。老子“天之道利而不害”（第八十一章）的思想在这里得到了充分的体现。物阜民康，天下归附，这是何等的太平景象！句中的“安”，即国家安定，政局稳定；“平”，即社会公平和谐，天下太平；“太”，在古汉语中与“泰”通用。因此在这里有亨通、顺达之意，即与“否”（读 pǐ）相对。因此“太”，就是万事亨通、顺泰如意的意思。“往而不害，安平太”，这是老子描绘的桃花源式的人间乐土！

“乐与饵，过客止；道之出口，淡乎其无味。视之不足见，听之不足闻，用之不足既。”这是一种对比的表达方式。音乐美妙动听，美食香气诱人，而作为高度抽象的意涵——道，却索然无味。它既不值得看，也不值得听，只有在运用它的时候才觉得它妙用不尽，受享无穷。这席话中的最后一字“既”，有尽，完的意思，如“楚人未既济”（《左传·僖公二十二年》，济：渡河）。“不足既”，即不会穷尽，意即受用无穷。

这一章老子运用对比的表达方式，说明大道给人们带来的福祉胜过人的官感之所悦：美妙的音乐和诱人的美食仅能使“过客止”，而“淡乎其无味，视之不足见，听之不足闻”的道，却能让“天下往”；音乐和美食只能满足人们一时之所悦，而道却能让天下“安平太”；音乐和美食有满足、完了的时候，而道却“用之不足既”。可见执守、奉行大道可以胜过人们为追求快乐和享受而产生的一切欲望，所以才有本章开始说的“执大象，天下往”的盛大景象。

第三十六章

将欲歙[1]之，必固[2]张之；将欲弱之，必固强之；将欲废之，必固举之；将欲夺之，必固与[3]之。是谓微明[4]。

柔弱胜刚强。鱼不可脱[5]于渊，国之利器不可以示人。

注释

①**歙**（xī）：收敛，收缩。 ②**固**：本来，本该。下同。 ③**与**：给予。按：前句“将欲夺之”，汉简帛本为“将欲取之”。 ④**微明**：隐藏的智慧。⑤**脱**：离开。

解读

人们常说，柔能克刚，弱能胜强，但这并非必然之理，乃是“微明”之术运用的结果。在这一章，老子教你“柔弱胜刚强”的一些“微明”之术。他这样说——

将要收拾他，必须本来就应该放纵他；将要削弱他，必须本来就应该增强他；将要废除他，必须本来就应该提举他；将要剥夺他，必须本来就应该给予他。这就是隐藏的智慧。

正是由于这种隐藏的智慧，柔弱是可以战胜刚强的。也同样由于这个道理，鱼儿切不可离开深渊，事关国家安全的精锐武器是不可以给人看的。

这就是老子揭示的“微明”之术。它既是“柔弱胜刚强”的一种谋略，也是对世人的忠告。话语不多，但句句都是警世骇人之言，我们还得慢慢来研读它。

先讲一个《左传》中的故事吧。

春秋时期，郑庄公有个胞弟叫共叔段，他在母亲的帮助下在庄公那里请得了一块封地。因为有母亲的支持，他胆大妄为，阴谋夺取君位，所以把封邑也建得很大。有位大夫向庄公建言:“封地城邑过大，超过了先王的规制，这后果将不堪设想，不如趁早另给安排一个地方。”庄公说:“多行不义必自毙。再看看他吧。”后来共叔段攫取了相邻的两块很大的地方，扩大了他的地盘。这两块地方名义上为国君所有，实际上为他所控制。这时又有一位大夫进言:“你得赶快除掉他，否则将乱民心。”庄公说:“不用担心，他将自取其咎。”共叔段继而将这两块地方公然据为己有，而且得寸进尺，延伸到更远的地方。这位大夫又进言:“现在可以动手了。地盘扩大，人口也多了，这将不得了啊！”庄公说:“他不守臣节，又与我不亲，扩大地盘，必将崩溃。”共叔段完成了城邑的修筑，进而修缮甲兵，准备袭击郑，并且以其母亲作为内应。庄公掌握了他发兵的日期，然后对那位进言的大夫说:“现在可以收拾他了。”这位大夫仅组织了两百辆战车就让共叔段彻底完蛋，收拾了他。

“将欲歙之，必固张之。”郑庄公对共叔段的策略就是先“张之”，后“歙之”。政治斗争如此，军事斗争更是这样。“张之”则战线拉长，兵力分散，内部必定空虚，故不堪一击，“歙之”势所必然。句中的“歙”,有收敛、收缩之意。“固”即本来、本该，如“人固有一死,或重于泰山,或轻于鸿毛”(司马迁《报任安书》)。

所谓“必固”，即必须本来就应该…… 以下各句都有同样的意思。有的人把这个“固”理解为“姑”或“姑且”,那是套用了兵法上“将欲取之，必先与之”的意涵，可老子在这里说的不是这个意思。

“将欲弱之，必固强之。”所谓“强之”，就是设法让对方自觉强大。换言之，我守柔示弱，避退三舍，则对方自以为强，自以为大。自强自大，则必骄。骄而易狂，狂而易失，失而必弱。由强而骄，由骄而狂，由狂而失，由失而弱，势之必然。楚汉争霸，张良以此帮助刘邦灭了项羽。

“将欲废之,必固举之。”“举”即抬举、拔擢的意思。因为“举之”，这个被举之人，就会成为大家共同攻击的目标。一些头脑简单的被举之人往往会得意忘形，自我陶醉，甚至忘乎所以。三国时，孙权劝曹操当皇帝，其实也是出于这种意图。不过，老谋深算、工于心计的曹操没有上当。

“将欲夺之，必固与之。”春秋时期，范蠡以此灭了吴国。这一“微明”之术在贪将、贪官身上特别灵验。在中国几千年的军事斗争和政治斗争中，屡屡使用，而且屡屡得逞。现代官场中落马的贪官也无不败于此。殷鉴在前，一切有政治抱负的青年才俊不可不慎。

老子把上述种种谋略，谓之“微明”，即隐藏的智慧。正因为世间存在这种隐藏的智慧，所以才有“柔弱胜刚强”的结果。可见，“柔弱胜刚强”并非必然之理，乃是由于“微明”之术的运用，是人的谋略所起的作用。

读了上述这些“微明”之术，人们或许会觉得老子居心不良，其用心何其毒也！我则以为不然。因为这种“微明”之术的实施是人心使然，老子只不过是揭示了这个隐微的人心之道。人有好争好强之心，贪大喜功之欲，追名逐利之念，遂有顺其所好的“微明”之术。“微明”之术是把“软刀子”，它的实施却是一个循道顺德、自然而然的过程，事件发展的过程和结果当然也是一个自然而然的过程，而且在其自觉就范的时候，往往已经回天无力，所以它的厉害就厉害在这里。不过话还得说回来，尽管许多诡道非常隐微，但聪明的旁观者仍然洞若观火，所谓“司马昭之心，路人皆知”是也。

“微明”之术可以使你“柔弱胜刚强”。当然，人家也同样可以用这种诡道来对付你，所以老子教你“鱼不可脱于渊，国之利器不可以示人。”

因为人心有这种“微明”之术，所以为免于遭致他人的暗算而处于不利地位，老子告诉你“鱼不可脱于渊”，即不要脱离赖以生存的环境或基础。这个环境或基础对为政者来说就是群众，就是人民；对治军者来说也是人民群众，在战时则是根据地。可见为政的、治军的，加强与人民群众的联系，不管怎样强调都不为过。因为人民群众对为政者、治军者来说，犹如鱼之渊，鸟之林。这个环境或基础对于一个普通人来说，就是你最擅长的技术或专业，因为“不失其所者久”（第三十三章）。至于“国之利器不可以示人”，这是常识，因为这个“利器”，这个尖端武器，就是杀手锏，就连坊间拳师传技也是留一手的。以上两条是老子对世人的忠告，否则遭“微明”之术的暗算后，就会失去回旋的余地。

谋略也好，诡道也罢，都是心道的体现。老子揭示了这个隐微的人心之道，为人不可不知。你可以不用，但不可不防。

第三十七章

道常无为而无不为。侯王若能守之，万物将自化[①]。化而欲作，吾将镇之以无名之朴。镇之以无名之朴[②]，夫亦将无欲。不欲以静，天下将自正[③]。

注释

①自化：自然造化。 ②句从帛书《老子》篆本和隶本。王弼本无“镇之以”三字。 **③正**：正常、自然的状态。

解读

这是《老子》道经中的最后一章，因此这一章对道的理论具有总结的性质，老子他这样说——

道，永远无为，但又无所不为。侯王如果能遵循、守护它，万物将自然造化。在这个自然造化过程中，要是仍有欲念发作，我将用无名之朴来镇服它。镇之以无名之朴，那就不再会有欲念了。不再有欲念，就会得以安静，天下万物也将会处于正常、自然的状态。

为什么“道常无为，而无不为”？为什么“镇之以无名之朴，夫亦将无欲”？围绕这些问题，让我们对原文再作些研读。

“道常无为而无不为。”我们已经知道，道不是万物之一物。它超乎万物，是万物之所从生者，当然不可能像万物那样去为。可是万物还是繁生了，而且什么都有。这就是所谓“道常无为，而无不为”。不过，这话的旨意并不在此，而是在隐喻天下侯王治国也应该那样，实行无为，让天下百姓自己去做他们要做的事，给他们以充分的自由和自主。这就为后面的议论作了铺垫。

“侯王若能守之，万物将自化。”天下侯王要是能够遵循道，奉行道，那么天下百姓就会自动归附，万物自然造化。老子为什么要对侯王说话？因为我国的春秋时期战争频仍，百姓赋税、徭役繁重。封建统治者贪欲太深、太大，对百姓的控制太严、太苛。国家之所以治理不好，就是因为他们的作为太多、太过。你看“道常无为”，而且“生而不有，为而不恃，长而不宰”（第十章），这样反而万物兴作，天下“安平泰”（第三十五章），所以侯王治国应该效法天地，奉行大道。老子认为，无为是圣人治国的最高境界，只有那样，才能百姓自由，万物自化，如同天地化育万物一样。

“化而欲作，吾将镇之以无名之朴。镇之以无名之朴，夫亦将无欲。”无为以治之所以那样困难，就是因为人们的欲望太多、太大，而且在万物化育过程中时时发作，所以就得以无名利之欲的“朴”，即道来镇服它。镇之以朴，欲望就不再会有了。道家认为最朴的是“道”，其次是“德”，循道顺德的人应该过着尽可能“朴”的生活。生活“朴”了，人的欲望降低，纷争也自然减少。可见“朴”是镇服欲念，减少纷争最有效的办法。所以老子主张“见素抱朴，少私寡欲”（第十九章）。老子这种关于以“朴”镇“欲”的思想，对于社会文明高度发达的今天，对于人的品德修养和自身的身心养护仍然具有深刻的实际意义。诸葛亮说的“俭以养德”(《诫子书》)也是这种思想的体现。

“不欲以静，天下将自正。”老子认为人们的贪欲是造成天下不得安静的祸根。人们的贪欲一旦产生，则所有纷扰、争端、动乱以致争战便由此而起，因此自身不安，万物不安，天下不安。反之，如果人们抱道守朴，无欲无念，则天地不能转动我，鬼神不能役使我。整个天下就会安定、平静，天下万物也将各得其所，各处其安，各自处于正常、自然的状态，这就是所谓“不欲以静，天下将自正”。

“不欲”是“静”的基础，“静”是“不欲”的自然结果。奉行大道，就能达到“万物将自化”，“天下将自正”。

到此为止共三十七章，老子围绕一个道（或德）说理，或以物喻理，或以事寓理。有的比较具体，有的比较抽象甚至有些玄，但章章都有玉韫珠藏，读来颇有兴味，特别是那些名言隽语，意涵丰富，哲理深刻，令人回味无穷。

下篇　德经

第三十八章

上德不德，是以有德；下德不失德，是以无德。

上德无为而无以为，上仁[①]为之而无以为，上义[②]为之而有以为，上礼[③]为之而莫之应，则攘臂[④]而扔[⑤]之。故失道而后德，失德而后仁，失仁而后义，失义而后礼。夫礼者，忠信之薄而乱之首；前识者[⑥]，道之华而愚之始。是以大丈夫处其厚，不居其薄；处其实，不居其华。故去彼取此。

注释

①仁：对人亲善仁爱。 **②义**：合宜的道德、行为或道理。 **③礼**：礼仪。 **④攘臂**：撸起袖子，伸出手臂。 **⑤扔**：牵拉。 **⑥前识者**：即先知者，指先前制礼的人。

解读

这是《老子》德经的首章。它围绕着一个“德”说理，读起来比较难懂，特别是开头两句。难就难在一个“德”字上，因此我们首先从理解这个“德”字开始。

那么，什么是德呢？德，可以是道德的，也可以是非道德的。所谓非道德的，就是我在第二十一章中所说的事物的自然本性、本能，或者说天性。即是说，事物自然本真的性质或行为就是德。显然这个德是天赋的(道家则认为是“道”赋予的)，我们平时说“泰山可移，本性难改”，其中就包含了这个意思。德，当然也包含事物自然率直地表现其本性的行为。譬如我前面说的，婴儿肚子饿了就会哭闹，这是一种毫不掩饰其自然本真之性的行为，体现的就是婴儿之德。大家都知道，汉字是一种表意文字。德，在古汉字中写作“悳”，是“直”和“心”的组合，这个结构特点也形象地体现了它的含义。本章中的德，既是道德之德，也包含了事物的自然本真之德，懂得了这个德的含义以后，我们对这章的理解就会方便多了。在这一章，老子这样说——

上德之人不以德为德，这才是有德；下德之人念念不忘其德，其实就是无德。

上德自然无为而又无意而为，上仁有所作为却无意而为，上义敢作敢为是有意而为，上礼矫揉造作则没人理会，于是就撸起袖子，伸出手臂，强拉人们实行。所以他们就这样，先失去道而从德，继而又失去德而从仁，后又失去仁而从义，终又失去义而从礼。这礼使人的忠信变得淡薄，是社会的祸乱之首。先前那些制礼的人，是使道虚华，使人变愚的始作俑者。正是因为这样，大丈夫立身处世总是敦厚而不轻薄，朴实而不虚华。即去除那些轻薄和虚华，坚持这个敦厚和朴实。

从老子的这些话里，我们可以看出道家与儒家的直接对立和冲突。为什么会产生这种冲突呢？让我们通过原文再作些分析。

“上德不德，是以有德；下德不失德，是以无德。”就是说，具有上德之人不是以德为德，他的所有行为都是自然无为，而又无意而为（即所谓“不德”），他的德是其自然本真之性的体现，所以这样的人才是真正有德。相反，下德之人则念念不忘其德（即所谓“不失德”），这个德就失去了其自然、本真的性质，是修饰的、虚伪的，所以这样的人其实是没有德。老子的这些话是有所指的，他指的是儒家所倡导的仁、义和礼都是虚伪的，因此不具有事物本性、本真的价值。可见本章开头两句对全文起着总提的作用。

“上德无为而无以为，上仁为之而无以为，上义为之而有以为，上礼为之而莫之应，则攘臂而扔之。”这些话运用并列的句式，以比较“上德”、“上仁”、“上义”、“上礼”行为和目的之不同。“上德”自然无为，他的行为既无目的，也无意图；“上仁”爱人利物，没有动机，也不计结果，只是顺着自己的仁心行事，既无所因，也无所为；“上义”则仗义而行，仗义而为，有动机，也希望有所作为，即有所因而为之，有所为而为之；“上礼”做的事却遭人冷遇，没人理会。这是因为其礼仪行为都是逢场作戏，不是出自人们的内心和自然本真之德，所以没人响应，只能靠强拉来实施。可见老子特别厌恶这个礼。最后一句中的这个“扔”字，在古汉语中没有抛掷、丢弃的含义，而是有牵拉的意思。“攘臂而扔之”，这是一个非常形象的动作，即撸起衣袖，伸出手臂，强拉人们去实行。

“故失道而后德，失德而后仁，失仁而后义，失义而后礼。夫礼者，忠信之薄而乱之首；前识者，道之华而愚之始。”从由道到礼的演变过程中，我们可以发现，越变离道越远，越变越失去了事物原来自然、质朴和本真的性质，并逐渐趋向虚华。特别是那个礼，它使人的忠信变得淡薄，老子把它看作是社会祸乱之首，而先前那些制礼的人（所谓“前识者”），是使道虚华，使人变愚的始作俑者。老子之所以厌恶这个礼，那是因为那些儒家的

“前识者”们给道披上了华丽的外衣，他们矫揉造作的虚伪行为和道家崇尚的真、朴是格格不入的。

“是以大丈夫处其厚，不居其薄；处其实，不居其华。故去彼取此。”这是全章的总结。正是由于以上这些原因，大丈夫立身处世总是敦厚、朴实，而不是轻薄、虚华，即去除那个“薄”和“华”，而坚守这个“厚”和“实”。——这就是老子对世人的嘱咐。做人做事应该实实在在，实事求是，不要虚伪、修饰或矫揉造作。

道家主张顺德而行的生活，鄙弃儒家倡导的仁、义和礼，特别对那个礼，更是嗤之以鼻，认为是把人给教坏了。所以在这一章里，我们看到了道家与儒家的直接对立和冲突，可见“道不同，不相为谋”（《论语·卫灵公》）。为什么会有这种对立和冲突呢？其中的主要原因就在于儒家要用仁、义，特别是那个礼来规范人们的道德行为，而道家则认为这种规范，修饰和掩盖了人们各自的自然本性，使人失去了“朴”的性质，因此是“道”和“德”的堕落。道家崇尚自然，认为事物应该真实地体现其自然本真的性质，才不失其德。

第三十九章

昔之得一者：天得一以清，地得一以宁，神得一以灵，谷[①]得一以盈，万物得一以生，侯王得一以为天下贞[②]。其致之。天无以清将恐裂，地无以宁将恐发，神无以灵将恐歇，谷无以盈将恐竭，万物无以生将恐灭，侯王无以贵高将恐蹶[③]。

故贵以贱为本，高以下为基。是以侯王自谓孤、寡、不穀，此非以贱为本耶？非乎？故至誉[④]无誉。不欲禄禄[⑤]如玉，珞珞[⑥]如石。

注释

①**谷**：河谷。　②**贞**：同“正”。　③**蹶**（jué）：跌倒，倾倒。这里有颠覆之意。　④**誉**：称誉，荣誉。　⑤**琭琭**（lù）：形容玉的精美、珍贵。　⑥**珞珞**（luò）：形容石的质朴。

按：文中“无以”二字，帛书甲、乙本皆为“毋以”。

解读

这章围绕“一”说理,全章共有七个“一”,我们就从这个“一”说起吧。

“一”是什么?一直以来,许多人都把它理解为道。第四十二章说,“道生一”。可见“一”不是道,它为道所派生,但又近乎道。那么“一”是什么呢?我以为“一”就是德,而不是道。这在第二十二章我就曾经对这个“一”字作过解释。由于一些人把“一”理解成了道,因此老子的整部《道德经》就似乎成了《道经》。当然,也有些人把《道德经》的下篇看成是“道的作用”。殊不知,这种所谓“道的作用”就是一种“德”,因为道是通过德才得以体现的。这在第二十一章我就已经说及。

那么德是什么呢?我在前一章已经说过,德,可以是道德的,也可以是非道德的。所谓非道德的,指的就是事物自然本真的(而不是修饰的)性质或行为。即德是事物自然本性或本能的体现,是一种天性,是一种本能的行为。譬如鸟能天上飞,鱼能水中游。飞是鸟之德,游是鱼之德。那么鸟和鱼它们各自的这种德是谁给的呢?道家认为是道给的,这就是所谓“道生一”。可见“道生一”,就是“道生德”。因为这个德具有自然本真的性质,所以是“朴”的(最朴的是道),它近乎道,但不同于道。

理解了德的意义,并懂得了这个“一”就是德以后,让我们再来读老子的话,然后再去体悟那个德。在这一章,老子这样说——

先前得到德的有:天得到德以后,因而变得虚廓清空;地得到德以后,因而变得安详宁静;神得到德以后,因而变得玄妙灵验;河谷得到德以后,因而变得水量丰沛充盈;万物得到德以后,因而得以繁生蕃息；侯王得到德以后，因而得以尊贵，天下安定。这些都是因为得到了它们各自的德以后出现的情形。上天不能清空，将恐怕会开裂；大地不能宁静，将恐怕会迸发；鬼神不能灵验，将恐怕会歇息；河谷水量不能丰沛充盈，将恐怕会干涸；万物不能蕃息，将恐怕会灭绝；侯王不能尊贵，将恐怕遭颠覆。

正是因为守护事物自然本真之德的重要，所以别忘了贵是以贱为根本，高是以下为基础的。因为这样，侯王总是谦称自己为孤、寡、不穀。这不是以贱为本吗？难道不是吗？所以最高、最好的荣誉不如没有荣誉。有德之士不去追求像美玉那样的璀璨和高贵，而宁可像普通石块那样的本真和质朴。

这就是老子对世人的忠告，或许会让许多人的头脑清醒不少，也会让许多人的心态平和不少。下面让我们再来回味一下老子所说的一些重要语段。

"天得一以清，地得一以宁，神得一以灵，谷得一以盈，万物得一以生，侯王得一以为天下贞。其致之。"套用老子这些话的意思和句式，我可以将这章开头举的鸟和鱼的例子这样说：鸟得一以飞，鱼得一以游。显然，老子的那些话是从正面告诉人们，秉持事物原有的自然本性或自然本能之德，能给事物带来正面的、正常的、自然的结果。"其致之"中的"其"是代词"它"，指的就是那个"一"，即德。这就是说，前面所举的诸多事物出现的正面的、正常的、自然的结果都是这个"德"给带来的。在老子的那些话中，还有两个字需要注意。一是"谷"，它指的是水量充沛的河谷，而不是山谷；二是"贞"，它同"正"，有天下安定、太平的意思，如"一人元良，万邦以贞"(《尚书·太甲下》)。

"天无以清将恐裂，地无以宁将恐发，神无以灵将恐歇，谷无以盈将恐竭，万物无以生将恐灭，侯王无以贵高将恐蹶。"这些话从反面说明不遵循事物的自然本性或自然本能之德将会给事物带来严重的灾难。“清”是天之德，天不清，将恐怕会开裂；“宁”是地之德，地不宁，将恐怕会迸发；“灵”是神之德，神不灵验，将恐怕会歇息；“盈”是河谷之德，河谷水量不丰沛，将恐怕会干涸；“生”是万物之德，万物无以繁生蕃息，将恐怕会灭绝；“贵高”是侯王之德，侯王不尊贵，将恐怕会被颠覆。句中的“蹶”，即跌倒，如“人之情不蹶于山，而蹶于垤”（《吕氏春秋·慎小》，垤，读 dié，小土堆）。文中则有颠覆之意。

这样就从正、反两个方面说明事物原有的自然本性或自然本能之德的可贵。尽管这种本性或本能之德或许是低级的、粗俗的，但毕竟是事物本真和本质特性的反映，是属于“朴”的，它的可贵也就可贵在这里。世间许多事物，高级的无不从低级而来，高雅的无不从粗俗而来，尊贵的无不从卑贱而来。所以老子说：“贵以贱为本，高以下为基。是以侯王自谓孤、寡、不穀，此非以贱为本耶？非乎？”可见，世间任何高端的事物无不从“朴”而来。

这里有个词语“不穀”可以引起讨论。“穀”的本义是庄稼和粮食的总称（现在都写作“谷”），所谓“不穀”，意即庄稼不结实，于人来说就是没儿没女。因此“不穀”的意思与“孤”、“寡”相同，都有“孤家”、“寡人”的意思。有的人把“不穀”理解为“不善”或“父母亡故而不能终养”，这就有待斟酌。

“故至誉无誉。不欲琭琭如玉，珞珞如石。”正是由于以上这些道理，最高、最好的荣誉不如没有荣誉。有德之士不去追求像玉那样的精美和高贵，宁可像普通石块那样的本真和质朴。这“珞珞如石”，就是未凿的普通石料，未凿的石料就是璞，璞即“朴”。老子认为顺德而行的人应该尽可能过着“朴”的生活，无须去追名逐利。就人生来说吧，每一个人的人生是不可能完美的，因此也不必去追求完美。

读完了这章，我们深知老子思想的深邃。他围绕这个“一”（即德）说理，举天地万物之例，穷处世为人之理，充分说明了事物的自然本性和自然本能之德的重要。人们只有守护这个自然本真之德的底线，才不会做出违反天理、违逆人道、违背良心的事情来。我想我们学习本章的所得，也就在此。

第四十章

反[1]者道之动，弱[2]者道之用。

天下万物生于有，有生于无。

注释

①反：与正相对，有翻转、往复、对立之意。 **②弱**：柔弱，小弱。泛指与弱相关的一切负面事物。

解读

全章仅两句话，是《老子》八十一章中最短的。老子的这些话很难懂，他似乎这样说——

事物的翻转、往复、对立和统一，就是道的运动；柔弱、知足、谦下、退让者的自保和发达，就是对道的运用。

天下万物生于有，而有又从无而来。

老子的这些话其实是对道的理论总结。它非常概括，非常简练，也很抽象，但意涵丰富，我们得慢慢分析。这两句话可以分为两个层次，我们先来看前一个层次。

"反者道之动"。这个"反"我以为有以下六种含义。

第一，反，指的就是事物存在的相对性。如"贵以贱为本，高以下为基"（第三十九章），"天下皆知美之为美，斯恶已；皆知善之为善，斯不善已。故有无相生，难易相成，长短相形，高下相倾，音声相和，前后相随”（第二章）。这种贵与贱、高与下、美与恶等等，都说明事物的存在具有相对性。它是以一方的存在作为另一方存在的条件，它们是相辅相成的。这种相对性就是事物的矛盾，是道的一种运动。

第二，反，即事物存在的两面性。如“五色令人目盲，五音令人耳聋，五味令人口爽……”（第十二章），“大道废，有仁义；智慧出，有大伪；……”（第十八章），“天下多忌讳，而民弥贫；民多利器，国家滋昏；……”（第五十七章），“其政闷闷，其民淳淳；其政察察，其民缺缺”。等等。这种事物存在的两面性，就是矛盾的主要方面和次要方面，它们的转化就是道的一种运动。

第三，反，即事物的对立统一。如“知其雄，守其雌”，“知其白，守其黑”，“知其荣，守其辱”（第二十八章）。又如“将欲歙之，必固张之；将欲弱之，必固强之……”（第三十六章），“图难于其易，为大于其细”（第六十三章）。等等。这都是事物的对立统一。对立统一是一种矛盾的统一，它就是道的运动。

第四，反，即事物的辩证统一。如“后其身而身先，外其身而身存。非以其无私邪。故能成其私”（第七章），“夫唯不争，故天下莫能与之争”（第二十二章），“圣人终不为大，故能成其大”（第六十三章），“慈，故能勇；俭，故能广；不敢为天下先，故能成器长”（第六十七章）。等等。这都是事物的辩证统一。辩证统一是一种和谐的统一，它就是道的运动。

第五，反，即返，指的就是事物的往复运动。如“有物混成，先天地生，寂兮寥兮，独立而不改，周行而不殆”（第二十五章），“夫物芸芸，各复归其根，归根曰静，是谓复命”（第十六章）。等等。这种循环往复的运动当然是道的运动。

第六，反，即翻。如“自见者不明，自是者不彰，自伐者无功，自矜者不长”（第二十四章），“物壮则老”（第三十章），“坚强处下，柔弱处上”（第七十六章），等等。这种物极而反的运动更是道的运动。

在这里，我之所以用比较大的篇幅来解读这个“反”字，这是因为，“反者道之动”的思想是老子关于道的理论的活的灵魂。道家哲学之所以历经几千年而不朽，至今仍闪烁着智慧之光，正是由于“道之动”。也由于“道之动”，所以才有第一章的“道可道，非常道”之说。

下面再看另一分句。

“弱者道之用”。这句话的意思就是，柔弱、知足、谦下、退让者的自保和发达就是对道的运用。这就是说，这个“弱”是柔弱、知足、谦下、退让的总称，因为柔弱、知足、谦下、退让的行为都是一种示弱的表现。

柔弱才能自保。——因为“守柔曰强”（第五十二章），“坚强处下，柔弱处上”（第七十六章）。

知足才能自安。——因为“知足不辱，知止不殆”（第四十四章）。

谦下才能有功。——因为“不自伐，故有功；不自矜，故长”（第二十二章）。

退让才能无敌。——因为“夫唯不争，故天下莫能与之争”（第二十二章）。

所有这些都是弱者的自存之道，也是自身的发展、发达之道，是柔弱战胜刚强的强大的思想武器。所以老子说“弱者道之用”。

下面我们再来看另一个层次，即最后一句话。

“天下万物生于有，有生于无。”这句话有些让人费解。对于“有”和“无”，我们得先从逻辑意义上来理解。万物芸芸，必须先得“有”，然后才有界门纲目之分，科属种类之别，要是“无”，则何从谈起？这就是所谓“天下万物生于有”。但是，“有”是从“无”来的。“无”是什么？“无”不是空无所有，什么东西都没有。我以为“无”就是“道”。如果有人认为“无”就是数学上的0，那么我认为这个0就是道。所谓“有生于无”，即“有”生于道。道是最大的了，它的上面没有东西，如同数字0的前面没有自然数一样。对于这些问题的深究不仅涉及数学问题，而且还涉及天地、宇宙的形成和物种的起源，这里无须继续讨论。

通过以上解读和分析，我们就理解了老子在这章中讲的这两句言简意赅的话，实际上是对道的理论总结和对道认识的概括。

第四十一章

上士闻道，勤[①]而行之；中士闻道，若存若亡[②]；下士闻道，大笑之。——不笑不足以为道。

故建言[③]有之：明道若昧[④]，进道若退，夷[⑤]道若纇[⑥]；上德若谷，大白若辱，广[⑦]德若不足，建[⑧]德若偷[⑨]，质[⑩]德若渝[⑪]；大方无偶[⑫]，大器免[⑬]成，大音希[⑭]声，大象[⑮]无形。

道隐无名。夫唯道，善贷[⑯]且成。

注释

①**勤**：尽力，努力。“勤而行之”，帛书本为“仅能行之”。 ②**若存若亡**：若有若无。亡，通“无”。 ③**建言**：即立言。 ④**昧**：昏暗。这里有隐晦之意。 ⑤**夷**：平坦。 ⑥**纇**（lèi）：丝上的结。这里有障碍的意思。 ⑦**广**：大，广大。 ⑧**建**：同“健”，有强健进取之意。 ⑨**偷**：苟且，得过且过。 ⑩**质**：箭靶，这里可以引伸为目标。 ⑪**渝**：改变。 ⑫**偶**：角。 ⑬**免**：免去，免除。按：“大器免成”，句从帛书本。传世本多为“大器晚成”。 ⑭**希**：同“稀”。 ⑮**象**：形象。 ⑯**贷**：施予。按：最后一句，帛书乙本为“善始且善成”。

解读

世间的许多事物往往不是显性、直白的，而是隐晦、曲折的，甚至是错综复杂的，尤其是对道的认识，由于人们的认知程度不同，觉解不同，因此得出的结论也各不相同，甚至是大相径庭的。所以老子这样说——

上士听了道，便积极践行；中士听了道，觉得若有若无；下士听了道，则放声大笑。——不笑就不足以为道了。

（正是由于世间事物的玄妙）所以就立有如下一些概括性的话语：光明之道好像隐晦，进取之道似乎后退，平坦之道若有障碍；高尚之德如同河谷，圣洁之德好像受辱，体量宏大之德似有不足，强健进取之德好像得过且过，目标明确之德似乎日移月改；大方无角无棱，大器无所有成，大音稀少无声，大象无形无影。

道，隐而无名。只有道对万物既能施予又能辅助其成。

——这就是老子在这章中说的全部内容。

下面我们先来看人们对于道的认知程度。

“上士闻道，勤而行之；中士闻道，若存若亡；下士闻道，大笑之。——不笑不足以为道。”这就是上、中、下三种人对道的认知程度。上等的人理解道的含义，因此努力践行；普通的人觉得道若有若无，对它半信半疑；下等的人听了道则放声大笑。因为他根本无法觉解，他的“大笑”正是说明了道的意涵的玄妙和高深，因为它超越了一般世俗之人的认知程度。句中的“勤”与“惰”相对，有尽力，努力之意。“亡”在古汉语中通“无”，它与“有”相对。

“故建言有之”。正是因为世间事物呈现形式的多样性和它的变幻莫测，以致玄妙，所以就立有如下一些概括性的话语。这些话语可以分为三个内容。

第一，对“道”的认识:“明道若昧，进道若退，夷道若纇。”就是说，光明之道好像隐晦，进取之道似乎后退，平坦之道若有障碍。这是对道所体现的行为方式或呈现形式的概括。最后一句中的“纇”，其本义是丝上的结，这里可以引伸为障碍，它相对于“夷”而言。其实，对于道所体现的行为方式或呈现形式并不限于“明”——“昧”、“进”——“退”、“夷”——“纇”，其他诸如“知其雄,守其雌”、“知其白,守其黑”、“知其荣,守其辱”(第二十八章),“曲则全,枉则直,洼则盈,敝则新……”(第二十二章),“将欲歙之,必固张之;将欲弱之,必固强之……”(第三十六章),“后其身而身先，外其身而身存，非以其无私邪?故能成其私。”(第七章)，等等。这些相互对立而统一的事物，所体现的道的理论，也无不如此。这种相反相成的思维和行为方式，即行为和意图不同，现象和本质趋异，反映了世间事物充满矛盾，这些矛盾从表面上看是对立的，但其实又是统一的。老子关于道的理论就是以辩证的思维方法去认识和处理世间事物存在的矛盾。所以范文澜说:“他发现并了解事物的矛盾性比任何一个古代哲学家更广泛更深刻。”(《自序》引言)由于道的理论具有辩证的思维品质，所以就显得特别神奇和奥妙。认识了这一点，老子在许多篇章中对道的描述都带有如虚似玄的色彩，也就可以理解了。

第二，对“德”的认识:“上德若谷，大白若辱，广德若不足，建德若偷，质德若渝。”这些话用现代汉语来表达就是:高尚之德如同河谷，圣洁之德好像受辱，体量宏大之德似有不足，强健进取之德好像得过且过，目标明确之德似乎日移月改。这是对一些事物德的表现方式或呈现形式的概述。不过，这只是字面上的意思，我以为其意涵并不止于此。

老子似乎这样说——

“上德”就像河谷之德，因其位势低下，水源充足，所以水量丰沛，浩浩汤汤，犹如君子的盛德；

“大白”之德犹如莲藕之德，尽管它出自淤泥，似乎遭受污秽和玷辱，但仍圣洁如初，一尘不染；

“广德”犹如大地之德，由于它弘宽的雅量而能包容万物，所以总是显得充而不盈，似有不足；

“建德”犹如上天之德，它运行强健，尽管时有阴晴雨雪，如人之得过且过，却好像君子那样自强不息。因为“天行健，君子以自强不息”(《易经·乾卦》)；

“质德”犹如日月之德，它们运行的大方向自东而西，矢志不渝，尽管运行的路径日移月改。

可见,大德之玄,大德之妙,同样会让你捉摸不定,感叹不已!

老子在这里说的尽是天地、日月、川谷、莲藕等宏大美好事物之德。从他的那些话中,我们似乎领略到了这位伟大的哲学家、思想家宏阔的心志和轩昂非凡的气宇!

在老子的那些话中有几个很关键的字必须引起注意，一是“谷”，指的是河谷，或川谷，而不是山谷。这在前面几章我们已经有过接触。二是“广”,即大,或宏大。“广德”即体量宏大之德,指的就是大地(包括海洋、湖泊)之德。三是“建”,它同“健”。“建德”即运行强健之德,指的就是上天之德。四是“偷”,它有苟且、得过且过的意思,如“夫赏无功,则民偷幸而望于上”(《韩非子·难二》)。所谓“建德若偷”，即指运行强健的上天，时有阴晴雨雪之变，以喻如人之随便和苟且。五是“质”，即箭靶，如“质的张而弓矢至焉”(《荀子·劝学》)，也可以引伸为目标，如“既出不至质，引军空还”(《汉书·酷吏传》)。因此“质德”就是目标明确之德，即日月是也。日月经天，路径“若渝”，但自东而西的大方向矢志不渝。

在这里需要指出并可以引起讨论的是“质德若渝”一句，王弼本和一些传世的译注本为“质真若渝”。我以为“真”为“悳”之误，即“质真若渝”实为“质悳若渝”。因为古汉字“悳”就是现代汉字“德”。（“德”由“悳”演化而来，我在第三十八章就曾经讲过。）许多人对这句话的错误理解都与这个“悳”（德）字有关。当然也因对“质”和“渝”的错误理解所致。如有人将“质德若渝”理解为“有质实之德的人，看起来好像是空虚无德似的。”显然，这是十分荒谬的。这岂止是失之毫厘，差之千里？

下面我们再来看“建言”的另一个内容。

第三，对“大”的认识：“大方无偶，大器免成，大音希声，大象无形。”这些话的意思就是：大方无角无棱，大器无所有成，大音稀少无声，大象无形无影。这就是老子对“大”的表现方式或呈现形式的概述。何谓“大”？方之“无偶”，器之“免成”，音之“希声”，象之“无形”才是大。可见这个“大”有名而无形。老子在第二十五章讲到道的时候说，“可以为天下母，吾不知其名，字之曰道，强为之名曰大”，好像“大”就是“道”的别称。其实“大”虽无形却有名，而“道”既无形也无名。可见两者还是有明显区别的。

在老子对“大”的表现形式的概述中，需要注意两个字。一个是“免”字，它有免于，免去之意。因为这个“器”实在太大了，所以无所成与不成。（顺便插一句，在有些版本中，将“免”字改为“晚”字，因此“大器免成”就成了“大器晚成”。我以为这与道的精神、意涵不符。因此本书不取。）另一个是“希”字，它同“稀”，是稀少、微弱的意思，句中有无声之意，如“听之不闻，名曰希”（第十四章）。

综上所述，那些“建言”主要集中在三个字，即“道”、“德”、“大”。那种比拟的、富有想象的语言是对道、德、大的一种艺术描述。“道”大，“德”大，“大”亦大。大，是“道”和“德”的共同属性，即“大”从属于“道”，也从属于“德”，而“德”只从属于“道”，因为“孔德之容，惟道是从”（第二十一章）。因此它们的从属关系用不等式来表示就是：道＞德＞大。懂得了这些以后，就为下一章的学习作了理论上的铺垫。

下面我们看最后两句。

“道隐无名。夫唯道，善贷且成。”前面已经说了，“方”、“器”、“音”、“象”之大，可以达到“无偶”、“免成”、“希声”、“无形”的玄妙境界，足见“大”之大。但它们都毕竟有名，而“道”之大连名都没有。——“道隐无名”。可见“道”是高于“大”的，即“道”之大，大于“大”之大。不仅如此，“道”之德“善贷且成”，即对万物乐于施予又能辅助其成，正是第六十四章所说的“以辅万物之自然而不敢为”。这说明“德”仅次于“道”，但又高于（或大于）“大”，因为“大”没有这种属性。

这一章讲的重点就是“道”、“德”、“大”三个字，对于它们的含义应该比较清楚了，这样我们对下一章的学习和理解就会容易得多。

第四十二章

道生一，一生二，二生三，三生万物。万物负阴[①]而抱阳，冲气以为和[②]。人之所恶，唯孤、寡、不穀，而王公以为称。故物或损之而益，或益之而损。

人之所教，我亦教之：强梁者[③]不得其死！吾将以为教父[④]。

注释

①负阴：即背阴。 **②冲气以为和**：阴阳之气冲涌交互以为和合。**③强梁者**：指称王霸道的人。 **④教父**：教人的夫子。

解读

我们已经知道，道生万物。那么道是怎样生出万物的呢？万物并育不相害，靠的是什么呢？世间事物的和谐共存，靠的又是什么呢？让我们听听老子是怎么说的。他说——

道生德，德生大，大生天地，天地生万物。万物总是背阴而向阳，它们的和谐共生是阴阳交互和合的结果。人世间的情况又何尝不是这样呢！人们所厌恶的是孤、寡、不穀，而王公却用来谦称自己。世间许多事物，就是这样，有的因受损而得益，有的却因得益而受损。

过去人家教诲我的，今天我也以此来教诲大家：称王霸道的人不得善终！我将以此成为教人的夫子。

老子概说了道生万物的过程，而且认为，只有阴阳协调，刚柔互济，才能使事物和谐而永恒，否则将会自取其咎。下面我们就老子说的那些话再作些分析和解读，以期引起大家的讨论。

“道生一，一生二，二生三，三生万物。”“一”是什么？显然这个“一”，不是万物之一，即它不是有形之物，而是超乎万物的，它近于道，但不是道，否则“道生一”就不好理解。第三十九章说：“天得一以清，地得一以宁，神得一以灵，谷得一以盈，万物得一以生，侯王得一以为天下贞。”我们都知道，“清”是天之德，“宁”是地之德，“灵”是神之德，“盈”是河谷之德，“生”是万物之德，“贵高”是侯王之德。所以，我认为这个“一”就是“德”。“道生一”就是道生德。即是说道是德的从生者，或者说德是为道所派生，是依附于道的。所以老子在第二十一章中说“孔德之容，唯道是从”。

那么“三”是什么呢？我以为这个“三”指的就是天地，因为有天地才有万物。这很好理解，无须多费口舌。“三生万物”，即天地生万物。

最后我们来讨论这个“二”。老子在第二十五章中讲到道的时候说，它“可以为天下母。吾不知其名，字之曰道，强为之名曰大”。由此看来，“大”可以看作是道的别称，是近于道的。大家知道天大、地大，但它们都毕竟有名有形，而要派生出这个很大的有名有形之物，其从生者必然比天地还要大。那么这个比天地还要大的是什么呢？我以为就是前一章所说的那个“大”，即是说，“二”就是“大”。“大”，可以方之“无偶”，器之“免成”，音之“希声”，象之“无形”。“大”有名但没有形，它近乎道，但不是道。这就是说，有名有形之天地为有名无形之“大”所派生。“大”从属于“道”，也从属于“德”。所以我说，“道生一，一生二，二生三，三生万物”就是：道生德，德生大，大生天地，天地生万物。

“万物负阴而抱阳，冲气以为和。”万物背阴而向阳，这是万物之德。万物并育，和谐共生，这是天地阴阳之气交互和合的结果。故《庄子·田子方篇》曰：“至阴肃肃，至阳赫赫。肃肃出于天，赫赫发于地（天地两字，似乎应当互换）。两者交通成和而物生焉。”

老子的议论就这样由天道转入了人道。

“人之所恶，唯孤、寡、不榖，而王公以为称。”王公者，人之所尊也；孤、寡、不榖者，人之所鄙也。尊则为阳，鄙则为阴。王公居其尊贵之阳，必得守其鄙下之阴，故“人之所恶”，“王公以为称”。因为只有这样一种谦称，才能使阴阳和合，赢得天下百姓的拥戴，否则，天下群起而攻之，则王公何尊之有？句中的“不榖”，意即没儿没女，意思与孤寡相同（这在第三十九章我已经作了解释）。

“故物或损之而益，或益之而损。”这是继上一例而发出的议论。王公谦称自己为孤、寡、不榖，虽然面子受损了，但实际得益了。当然也有的表面上得益了，但实际受损了。世间的事物就是这样，阴阳两面既对立又统一，它们交互作用，从而使事物得以和谐而永恒。

“人之所教，我亦教之：强梁者不得其死！吾将以为教父。”在这里，老子以民间俚语教诲我们：“强梁者不得其死！”即强暴者，那些称王霸道的人，是不得好死的！为什么呢？因为“强梁者”刚强有余，阳气过盛，阴有不足，即少点退让、谦和之气，因此阴阳不能交互调和。称王霸道，一意孤行，必丧失民心，失去基础，故“不得其死”。称王霸道，表面上得益了，但实际受损了，而且损得很惨。句中的“教父”，可以理解为教人的夫子。“父”，是对专门从事某项职业的男子的美称，如渔父，猎父等等。

在这一章，老子告诉我们道生万物，而万物的繁生蕃长是以阴阳和合为条件的。其实，世间的许多事物都包含阴阳，阴阳的交互调和，才能使事物处于协和正常的状态，即和谐平衡状态。这就是事物的对立与统一。

第四十三章

天下之至柔，驰骋[1]天下之至坚，无有入无间[2]。吾是以知无为之有益。

不言之教，无为之益，天下希[3]及之。

注释

①驰骋：尽情奔跑，不受约束。 **②无有入无间**：出于无有，入于无间。指看不见或看得见的无形之物，可以自由进入几乎没有缝隙的空间。间：间隙。 **③希**：同"稀"。

解读

在这一章，老子大谈无为的好处。他说——

天下最柔弱的东西，可以毫无阻挡地进入天下最坚硬的物体里面；无形的物体，可以很方便地出入于无缝隙的物体中间。我正是这样得以知道无为给人们带来的好处。

不言的教化，无为的好处，是天下很少能够及得上的。

你看，老子对他主张的"不言之教，无为之益"是那样的自信和得意。全章话语不多，但意涵丰富。

"天下之至柔，驰骋天下之至坚，无有入无间。吾是以知无为之有益。”“天下之至柔”是什么？是风，是气，是水。风，气，天下之至柔也，但它能透过人的肌肤；水，天下之至弱也，但它可以渗透金石。“驰骋”原指马匹不受羁束，尽情奔跑，这里有无阻碍地自由进出之意。“无有入无间”中的“无”指的是风、气之类人眼看不见的细微之物；“有”指的是水之类看得见的无形之物。因其出于无有，入于无间，故为“无有入无间”。天下至柔至弱之物可以自由地出入于坚固之物，可以自由地进入几乎没有缝隙的空间。老子由此得到启发说“吾是以知无为之有益”，即我正是因为这样得以知道无为给人们带来的好处。那些“天下之至柔”的看不见或看得见的无形之物，没有着意进出于“至坚”、“无间”之物的目的和意图，它们只是循道顺德，依其自然的本性、本能，自然而然，“无为”而为。在日常生活中，人们也常常凭借风和水的无为之为扬帆远航，以得舟楫之利，也常常用顺风顺水来形容无为给人们带来的便利和好处。

“不言之教，无为之益，天下希及之。”所谓“不言之教”，我在第二章就已经讲过，它指的是不以行政命令或发号施令去教化、规范百姓的礼仪行为和生活方式，而是通过自身的“美言”、“美行”去影响众人，如春风化雨，使民自化。这种教化的实质就是以自然无为的方式使其潜移默化。譬如在一个家庭里，父母勤劳善良的品质往往会对儿女产生良好的熏陶作用。他们对儿女的教育不一定有什么金玉良言，但儿女们都很孝顺，也很诚实。这就是父母“不言之教”的作用。其实，“不言之教”是一个自然而然、无为自化的过程。由此可见，“不言之教”是一种“无为”之教，是老子无为思想在教化方面的体现。无为的核心是其所作所为不心存功利之欲，完全是一种自然而然的行为。譬如前面说的父母对子女的不言之教，他们并不奢望儿女成龙成凤，也从来没有想过从儿女身上获得什么利益或虚荣，他们只是凭着一个父亲或母亲天赋的自然本性、本能而为，以自己勤劳、朴实、宽厚、善良的品性自然而为，所以家庭和乐，儿女们各有所为，也各有所成。因为没有奢望，也就没有思想或精神上的负担和纠结，人的思想或精神如同行云流水般释然和舒畅。所以老子说，这种“不言之教，无为之益，天下希及之”。句中的“希”同“稀”，“希及之”，即很少有能够及得上它们的。

读完这一章，你对“无为”的理解或许会更丰富一些。

第四十四章

名与身[1]孰亲？身与货孰多？得与亡孰病[2]？是故甚爱必大费，多藏必厚亡。知足不辱，知止不殆[3]，可以长久。

注释

①身：同"生"。有生命、健康等意涵。 **②得与亡孰病**：得与失哪个有害。亡：即失，与"得"相对。病：危害，害处。 **③殆**：危险。

解读

如何看待名声、生命、财富和它们的得失，这是一个严肃的问题，也是一个非常现实的问题，请听听老子是怎么说的。他说——

名声和生命哪一个更喜爱？生命和财富哪一个更宝贵？名声、财富的得与失，哪一个更有害？对名、利的过分追求和珍爱，必然会有重大的耗费，大量财货的藏储必然会有更多的损失。所以知道满足就不会遭受耻辱，懂得适可而止就不会有祸害，并因此可以长生久安。

老子的这些话并非反对人们正当合理的追求，他只是叫我们不要太过分，要知足、知止。

“名与身孰亲？”名声与健康、生命哪一个更喜爱？这第一个问题中有两个字需要注意。一是“身”，它有生命、健康这样一些含义。二是“亲”，它有喜欢、喜爱的意思，这个“亲”和后面的“病”，都是为了增强语言的韵味，其实际意义应结合具体的语言环境来确定。孟子在比较“生”与“义”的时候说,“生，亦我所欲也；义，亦我所欲也。二者不可得兼，舍生而取义者也”(《孟子·告子上》)。而老子在这里比较的是“名”与“身”。其实，“名”，我所欲也；“身”，亦我所欲也，有人为名而殒身，也有人为身而殉名。由于人们对人生的价值取向不同，答案也就迥异。老子认为人的健康、生命是第一位的，名声是没有实际意义的，人应该循道顺德，隐而无名。

“身与货孰多？”健康、生命与财富哪一个更宝贵？这个“货”指的就是财富。这个“多”可以理解为珍贵、宝贵，因为这样译文显得更有韵味。“众人熙熙,如享太牢,如春登台”(第二十章),世人那么热闹非凡是在干什么？就为一个“货”或“利”,所以《史记·货殖列传》中说“天下熙熙,皆为利来;天下攘攘,皆为利往”。世人就是这样为利为财而忙，为利为财而争，以致为利为财而耗费自己的健康，甚至丧失自己的生命。可是这个利，这个财，与健康、生命比较,哪一个更重要呢？要是害了病,没了命,那个利、财还有实际意义吗？这个道理人人都懂得，可是要不参与世人的这种生存竞争也实在难哪！中国俚语有云:人为财死，鸟为食亡。庄子说:“小人殉财，君子殉名。”(《庄子·盗跖》)这似乎已经成了世俗之人的铁律。

“得与亡孰病？”名声、财富的得和失，哪个更有害呢？在老子看来,享有盛名或拥有财富比失去它们更有害处。为什么呢？下一句作了解答。

“是故甚爱必大费，多藏必厚亡。”名声大了，财富多了，意想不到的麻烦事也会接踵而至，盛名之下其实难副啊！而且对名利的过分追求和珍爱，必然会有大量耗费，包括精力、心力。财富多了，藏储过程中也会发生大量损失，更何况“金玉满堂，莫之能守”（第九章）。名声大了，财富多了，实在是一个累赘啊！句中的“亡”和前一句的“亡”一样，有失去、丢失的意思，如成语“亡羊补牢”。

“知足不辱，知止不殆，可以久长。”这是全章的总结，也是老子留给世人的“醒世恒言”。老子在这里并没有要求人们断绝对名、利的追求，而只是叫人要“知足”、“知止”，即要懂得满足，要适可而止。“知足”则名不受辱，“知止”则身不致祸，故可以久安长生。

轻物重生是道家的一贯思想，这章内容也基本反映了这点，它是道家“无为”、“无争”思想的基础。老子的话虽然大都是对侯王们说的，但也可以给今天物质文明富裕的人们提个醒，可以让在名利场上竞逐得心力交瘁的人们得到一些宽慰。

第四十五章

大成若缺，其用不弊[1]；大盈若冲[2]，其用不穷。大直若屈，大巧若拙[3]，大辩若讷[4]。

躁[5]胜寒，静胜热。清静以为天下正[6]。

注释

①**弊**：困乏。这里有枯竭的意思。 ②**冲**：虚，虚空。 ③**拙**：笨拙。④**讷**（nè）：语言迟钝，不善于讲话。 ⑤**躁**：躁动，运动。 ⑥**正**：正道，常理。

解读

全章讲的是一个厚德之人所具有的大德。老子还告诉我们，世间的许多事物都是相生相克，对立统一的，因此人们当以清静自守，体现天道。他这样说——

对非常完满、成功的事物觉得好像尚有欠缺，那么由此所产生的作用就不会枯竭；对十分充盈、丰硕的事物觉得似乎还很虚空，那么由此所产生的作用就不会穷尽。很耿直的好像显得有所顾忌，很机灵的好像显得有些笨拙，善于辩说的好像显得有些木讷。

运动可以抵御寒冷，清静可以制服酷热。只有清静才是天地万物最正当的常理。

全章读下来，似乎有两个议论的中心。我们先来看第一个议论中心。

“大成若缺，其用不弊；大盈若冲，其用不穷。”这就是谦虚美善的品德对一个人所起的作用。所谓“大成若缺”，即事情非常完满、成功，但是仍然觉得似乎还有欠缺。这是一种谦逊、自责心理的体现。有了这样一种心理状态，那么对他以后所起的作用就永远不会枯竭。这个“弊”有困乏的意思，如“曹操之众，远来疲弊”(《三国志·蜀书·诸葛亮传》)，在这里可以引伸为枯竭、穷尽。所谓“大盈若冲”，即已经取得了丰硕的成果，但是仍然觉得自己还很虚空，没有满足。这同样是一种虚心、永不自满心理的反映。有了这样一种心理状态，那么对他以后所起的作用就不会穷尽。这个“穷”和前一句的“弊”意思相同。这两句话其实是同一个意思，那就是谦虚，永不自满，对其人生所产生的作用将无可估量。

“大直若屈，大巧若拙，大辩若讷。”这三句似乎把后面该说的话给省略了。套用前面的句式和意思，我可以这样说，“大直若屈，其用不竭；大巧若拙，其用不餍；大辩若讷，其用不乏”。老子的那些话说明了一个厚德之人的外在表现和品质往往是不相一致的。所谓“大直若屈”，就是“直而不肆”(第五十八章)，即个性耿直、旷达的人，但在处理实际事务时，似乎有所顾忌，有所考虑，即有原则，有底线，不肆无忌惮；所谓“大巧若拙”，即一个心灵手巧、机灵敏锐的人，但平时看上去总似乎显得有些笨拙、呆板；所谓“大辩若讷”，即一个能言善辩的人，但平时好像显得言语不多，甚至有些木讷。世间的许多事物就是这样，外表与品质不同，现象与本质取异，这就大大增添了大德之玄和大德之妙。一个人要是具有这种玄妙的大德，那么对他的人生所产生的作用就会如同我前面补充的“不竭”、“不蹩”、“不乏”。

中国俚语有云：人不可貌相，海水不可斗量。世间许多事物就是这样，其弘深的器识和美善的品质往往被粗朴的外表所掩盖。孔子曰：“吾闻之，良贾深藏若虚；君子盛德，容貌若愚。”（《史记·老子韩非列传》）一个有大器识、成就大事业的人往往就是这样，让你觉得似乎云里雾里，无法识其“庐山真面目”，其深藏不露的品性也往往为常人所不识。这种大德之玄，也正如老子在第四十一章中所说的“上德若谷，大白若辱，广德若不足，建德若偷，质德若渝”。不过，在这里你必须明白，老子在文章中所说的“大成若缺”、“大盈若冲”、“大直若屈”、“大巧若拙”、“大辩若讷”，这种虚怀若谷和大智若愚式的行为和表现，是其本真之德的真实体现，那种“若缺”、“若冲”的心理反映和“若屈”、“若拙”、“若讷”的外在表现，是其弘渊、真朴的品质在外表上的自然流露，而并非矫揉造作或故弄玄虚。因此，其美善、可贵并令人赏识的原因也在这里。

老子在这里赞美得道之人美善品德的那些话，自然会让我们觉得那些“自见”、“自是”、“自伐”、“自矜”（第二十四章）者，或有点小聪明、小成绩就躁动不安，好出风头，显山露水的人，是何等的渺小！

下面我们再来看第二个议论中心，即本章最后两句。

“躁胜寒，静胜热。清静以为天下正。”即是说运动能够抵御寒冷，清静可以制服酷热。说明世间的许多事物是相生相克的。躁生热，热克寒，故“躁胜寒”；静生寒，寒克热，故“静胜热”。句中的“胜”有“克”的意思。因此从这个意义上来说，老子的这些话也是对前面“五大五若”的总结,即“缺”可以胜“大成”,“冲”可以胜“大盈”,“屈”可以胜“大直”,“拙”可以胜“大巧”,“讷”可以胜“大辩”,从而使事物处于非常协和的状态。这样说来,本章的这两个议论的中心实际上是统一的,体现的是世间事物的相生和相克,即矛盾的对立和统一,从而使事物的存在得以和谐而永恒。

“躁胜寒,静胜热”,这是一种生活感受,老子正是以人们曾经有过的这种生活感受来反衬清静的作用。清静的作用老子没有直说,只是说“清静以为天下正。”其实,“清”和“静”是上天和大地的自然德性,即天地之德。第三十九章说:“天得一以清,地得一以宁。”所以“清静”才是天地万物最正当的常理。这最后一句中的“正”,指的就是正当的常理。世间的诸多事物,尽管个性与品质不同,现象与本质取异,但清静可以观照万物,一旦清静以后,任何事物的外表连同它的内质一并自见,如同平静的水面能够观照周边的一切事物一样。

我们从老子的“五大五若”中自然会领悟到,一个人的社会价值取决于是否有弘渊的器识,而不会受制于粗朴的行为和外表。有弘渊的器识才能经略宏图大业,粗朴的行为和外表虽不被人看好,但容易被人所接受。同时也告诉我们,一个人的自然品性尽管与生俱来,但大智若愚、云遮雾障,总比锋芒毕露、显山露水高明得多。

第四十六章

天下有道，却走马以粪[①]；天下无道，戎马生[②]于郊。罪莫厚[③]于甚欲，咎[④]莫憯[⑤]于欲得，祸莫大于不知足。故知足之足，常足矣。

注释

①却走马以粪：退回战马，弃之如粪土。却：去，退回。走马：奔跑的马，指战马。粪：粪土，或脏土。　**②生**：兴起的意思。　**③厚**：重，大。按：王弼原本无此句，独与众本异。　**④咎**（jiù）：灾殃。　**⑤憯**（cǎn）：同“惨”。

解读

春秋晚期，即老子所生活的那个时代，诸侯割据，战端频发。各国之间朝为盟友，暮为敌国；明争暗谋，勾心斗角。动辄兴师，怒则攻伐。这种不义之战皆起于封建君王们的贪婪和欲得，它给百姓造成了深重的灾难。所以老子这样说——

天下有道，退回飞奔的战马，弃之如粪土；天下无道，战马兴起于荒郊。罪孽没有比极度的欲望更重，灾殃没有比欲得的贪心更惨，祸害没有比不知足更大。所以知道满足的这种满足，那才是永远的满足。

这一章文字简直是声讨封建君王们的檄文。他们争城略地皆为满足一个“欲”，并且由此而造成的罪孽、灾殃和祸害，也出自一个“欲”,这是天下“无道”的表现。下面让我们再作些研读，特别是一些重要语句。

“天下有道,却走马以粪。”老子把马匹的使用作为天下“有道”和“无道”的依据，因为在冷兵器时代，马是平时和战时最有标志性的战略装备物资。“天下有道”的时候,“却走马以粪”。“却”就是“退”的意思,如双音词“退却”。“走”即跑,如“兔走触株，折颈而死”(《韩非子·五蠹》)，又如成语“走马看花”。所以“走马”，就是奔跑的马，即战马。句中的“粪”，即粪土，或脏土，如“粪土之墙不可杇也”(《论语·公冶长》杇（wū):粉饰)。“以”是一个动词，就是“用”、“当作”的意思，如“众人皆有以”(第二十章)。因此“以粪”，就是当作粪土一样。“却走马以粪”，直译就是:退回飞奔的战马，把它当作粪土一样，或者说，把战马当作粪土一样予以退回，亦即退回飞奔的战马，弃之如粪土。

在这里，我为什么要花那么多口舌来解释这句很普通的话呢？因为许多人对它的理解有误。有些人把这个“粪”字理解为“泛指农耕”或“耕治农田”，“以粪”被理解为“用于农耕”，等等。显然，这都有失偏颇。

“天下无道，戎马生于郊。”即在世道衰微、战事多发的时候，战马兴起于郊野。为什么这样说呢？因为战事一般多发生在城市周边，作战的部队和战马也都集结于郊外，所以才有“戎马生于郊”之说。句中的这个“生”，有“兴”、“发”的意思，如成语“风生水起”，又如日常口语中的“生火”、“生炉子”等等。如果把这后一句理解为“战马产驹于郊”，或者说“连快要产驹的母马也被征用了”，那也同样有失偏颇。

“罪莫厚于甚欲，咎莫憯于欲得，祸莫大于不知足。”这三句话其实是同一个意思，即战争所造成的灾难都是由于君王们的贪得无厌。“罪”、“咎”、“祸”其实都是灾难；“甚欲”、“欲得”、“不知足”就是贪得无厌。一个意思，分三句话来说，加重了语气，突出了封建君王的贪欲给人民带来的灾难。

“故知足之足，常足矣。”这是全章的总结。它告诉世人，能够知道满足的这种满足，才是永远的满足。

君王们的贪欲在争城略地扩大地盘，因此引发了战争，给天下百姓造成了深重的灾难。那么，普通世人的贪欲呢？有人之欲在权，有人之欲在名，也有人之欲在利，等等。在诸多之欲中权和名是上位的，因为有了权，或有了名，利也随之而来；纯粹的利欲当然是末位的，所以庄子才说“君子殉名，小人殉利”（《庄子·盗跖》）。人世间的纷扰、争端，其祸皆出于欲，许多人为追求享受和满足快乐而造成终生遗恨，其咎也在于欲，而且诸多之欲，其壑难填。正是因为这样，这个难填之壑就成了一些人的致死之穴。所以要解除纷扰，平息争端，享受美好人生，关键是要“知足”，因为“知足不辱，知止不殆”（第四十四章）。老子在这里也只是说“知足”而已，他没有说禁欲，可见老子的话还是很有分寸的。人要懂得满足，只有懂得，才能知足、知止。也只有懂得，才会身安志安，身心自安。故老子说：“知足之足，常足矣”。

第四十七章

不出户[①]，知天下；不窥牖[②]，见天道。其出弥远，其知弥少。是以圣人不行而知，不见而名[③]，不为而成。

注释

①户：门户。 **②不窥牖**：不看窗外。窥（kuī）：从小空或缝隙里看。牖（yǒu）：窗户。 **③名**：名分，作用。

解读

辩证唯物论的认识论告诉我们，知识来源于实践，来源于对客观事物的体察，可老子怎么说呢？他说——

不出家门就可知天下万物之理，不看窗外就可知天地万物运行之道。离家走得越远，知道得反而越少。正是因为这样，圣人不用走出去便能明白天下万物之理，不用去看就能知晓天下事物发展的原由和结果，不用劳心劳力就能自然其成。

乍听起来，老子的这些话简直是一种悖论，它与辩证唯物论的认识论唱着反调。不过，我们还得慢慢分析研读。

“不出户，知天下；不窥牖，见天道。”这或许就是“秀才不出门，全知天下事”。因为得道之人懂得天下事物的自然之理，明白天下事物的运行之道。譬如“金玉满堂，莫之能守；富贵而骄，自遗其咎”（第九章），“祸兮，福之所倚；福兮，祸之所伏”（第五十八章），“屈则全，枉则直，洼则盈，敝则新，少则得，多则惑”（第二十二章），等等，都是天下事物的自然之理。又如“夫物芸芸，各复归其根，归根曰静，是谓复命”（第十六章），“飘风不终朝，骤雨不终日”（第二十三章），“物壮则老”（第三十章），等等，都是天下事物的运行之道。知天下事物自然之理，明天下事物运行之道，这就是哲人的智慧。只有智慧才能超越一般的见识，也只有智慧才能不局限于对某些具体事物的认识。当然，也只有智慧才能预测天道，揭示人道，洞察心道。

“其出弥远，其知弥少。”这句话似乎不好理解。按理说，跑得越远，跑的地方越多，则见识越广，知识越丰富，可老子偏说“其知弥少”。其实这个“知”，指的不是某些事物的具体知识，而是对天下事物的真知灼见，因此它超越一般的官感之上。譬如一位政治家、一位企业家和一位哲学家去国外考察，他们所得的观感是各不相同的。但是哲学家的观感比政治家和企业家更不同，他或许会说，外国和中国是一样的，甚至说天地之间，凡是有人类生存的地方都是一样的。因为他注意的是天理、物理、人理、情理，甚至心理，这些诸多之理都是一样的。可见对天下事物认知的程度不在于路跑得远近多少，而在于所认识的诸多之理能否焕发出智慧之光。如果就事论事，以物论物，见多识广，反而迷惑不解，所以老子说“其出弥远，其知弥少”，因为“多则惑”（第二十二章）。

“是以圣人不行而知，不见而名，不为而成。”这是全章的总结。这里的“不行”，指的是首句的“不出户”；“不见”，指的是“不窥牖”。因此整句话的意思就是，圣人不用走出去便能明白天下万物之理，不用去看就能知晓天下事物发展的原由和结果，不用劳心劳力便能自然其成。这是因为圣人能够以其智慧之光观照天地万物，知晓事物之理及其运行之道。以己度人，以此知彼，以静知变。所以能处斗室而知乾坤，以至“不行而知，不见而名，不为而成”。

这里有两个词语需要注意琢磨，一是“名”。我以为“名”即名分或作用，而名分或作用又是和事物发展的原由和结果相联系的。（在第一章、第十一章，我曾经说过，“名”是相对于“实”而言的，是根据某一具体事物的效用或实际发挥的作用、实际存在的状况而定的。）因此所谓“不见而名”，就是不用去看便能知晓天下事物发展的原由和结果。有的人认为“名”同“明”，这就有待斟酌。二是“不为”。我以为“不为”就是无为。这是道家的一贯思想，但它不是无所作为，或什么事都不做，而只是因循自然而为，是一种无功利之为，即无为之为。

第四十八章

为学日益[1]，为道日损[2]。损之又损，以至于无为。无为而无不为。取天下常[3]以无事，及其有事，不足以取天下。

注释

①益：增加。 **②损**：耗损，减少。 **③常**：永远，总是。

解读

老子认为，“为学”和“为道”是不同的：“为学”做加法，“为道”做减法。他说——

做学问，知识是日积月累的；修道，知识是日耗月损的。耗损了又耗损，以至于无为的境界。因循自然，顺德而为就没有成就不了的事。取天下总是以无事，要是无事生事，扰乱或破坏原来正常合理的自然状态，那就不足以取天下了。

老子的这些话有些似乎不好理解，我们还得好好分析。

“为学日益，为道日损。”“为学日益”这很好理解，就是说做学问，或者说治学是一天天增加知识。知识是人们追求的目标，也就是说它是人们欲望的对象。世人之所以“为学”，追求知识，那是因为知识能给人们带来利益，所以“为学”，其实质仍然是为了满足自己的利欲。“为道”则相反，因为“为道”者寡欲，甚至无欲，那些为利欲而得的知识自然成了修道的障碍，知识越多障碍越大。所以“为道”必须拆除知识的藩篱，抛弃一切世俗成见，淡泊名利，排除妄念。这就说明了为什么“为道日损”，而且必须“日损”。修道是一种精神修炼，提高人的精神境界，达到超乎现世的境界，获得高于道德价值的价值。

“损之又损，以至于无为。无为而无不为。”如上所说，为道修炼的过程就是利欲、妄念耗损的过程。这样耗损了又耗损，就会解脱束缚人们精神的一切羁绊，以致物我两忘，从而达到无为的境界。这是一个无限自由的精神世界！天之无为，四时行焉；地之无为，万物生焉；人之无为，圣心备焉。为道修炼到无为的境界，就会如同天地一样，无为而无不为。

“取天下常以无事，及其有事，不足以取天下。”老子的这些话是对君王们说的：你要取得天下，应该永远保持无事的状态。因为在道家看来这天下本来就是清静无事的，无须有过多的人为干预。如果老是有事，甚至无事生事，那是自找麻烦，结果是百姓遭殃，并且把天地间、人世中原本清静、自化的自然状态给搅乱了，所以也就“不足以取天下”。老子的这些话，在一定程度上反映了他与民休息、给民自主的思想。

如同我在以前几章中所说的，老子以无为治国、以无事取天下的思想具有理想的成分，在现实社会中是不可能实现的，当然超脱一点是可以的。——尽管超脱和“无为”、“无事”是两个截然不同的概念。对于一个治国理政的人（特别是高层的人）来说，不超脱无以观照万物，不超脱无以谋划全局。超脱是要有水平的，超脱有超脱者的器识，超脱有超脱者的智慧，不是任何人都可以随便超脱的。

第四十九章

圣人常[①]无心，以百姓心为心。善者吾善之，不善者吾亦善之，德[②]善；信者吾信之[③]，不信者吾亦信之，德信。

圣人在天下，歙歙[④]焉，为天下浑其心[⑤]。百姓皆注[⑥]其耳目，圣人皆孩之[⑦]。

注释

①**常**：同“恒”。有永久之意。　②**德**：通“得”。　③**信者吾信之**：诚实的人我信任他。前一“信”即信实，可以引伸为诚实；后一“信”作信任解。　④**歙歙（xī）焉**：安适恬淡的样子。　⑤**浑其心**：指圣心浑朴。⑥**注**：注入，集中的意思。　⑦**孩之**：把百姓当作孩子一样爱护。孩，作动词用。

解读

“域中有四大，而人居其一焉。”（第二十五章）道家特别重视人在自然中的地位和作用，因此爱民就成了道家思想中的题中必有之义，这和儒家“民为贵”的思想是一致的。老子的爱民情怀在许多章中都有不同程度的体现，在这一章中我们将会体会得更加深刻。他这样说——

圣人永远没有自己的个人意愿，他是以天下百姓的意愿作为自己的意愿的。对善良的人善待他们，对不善良的人也善待他们，这样普天下的人就会归于善良；对诚实的人信任他们，对不诚实的人也信任他们，这样普天下的人就会归于诚实。

圣人在天下人看来是显得那样的安适恬淡，而且总是保持着毫无功利之欲的浑心状态。对于圣人的言行举止，百姓都凭着自己的耳目关注着他，圣人也总是把天下百姓看作孩子一样来爱护。

在这里，我们似乎感受到了一位伟大慈祥的父亲或母亲关爱儿女般的温馨。这就是老子笔下的圣人和天下百姓的关系，读来令人神往，其爱民如子的情怀已跃然纸上。治国之道在于爱民。这一章也基本反映了这一思想。下面不妨让我们再作些研读和分析。

“圣人常无心，以百姓心为心。”圣人是道的化身，他永远没有自己的个人意愿，而是以天下百姓的意愿作为他的意愿。用我们今天的话来说，就是广大人民群众的愿望就是他的愿望，即完全彻底地为人民服务。这是何等的无私和大公！“圣人常无心，以百姓心为心”，这话出自近三千年之前的先哲之口，实在让我们今天的许多人汗颜！

“善者吾善之，不善者吾亦善之，德善；信者吾信之，不信者吾亦信之，德信。”就是说，对于天下善良的人和不善良的人，诚实的人和不诚实的人，都以一样的温良仁爱之心对待他们，从而使他们同归于善良和诚实。足见圣人的公平同仁和宽洪大德。这种不厌不弃，能够包容任何人的大德，只有在伟大慈祥的父亲或母亲身上才能体现出来。这是圣人“行不言之教”的写照，也是大道化育万物的体现。

“圣人在天下，歙歙焉，为天下浑其心。”意即圣人在天下人看来是那样的安适恬淡，“燕处超然”（第二十六章），他总是保持着没有功利之欲的浑然之心。君安，则民安国泰；君淡，则民不争，国不乱。如同一个家庭一样，家君温文恬淡，子女反而和顺，家庭自然和乐。句中的“歙歙焉”，即安适恬淡的样子，如“吏民歙歙，国中遂平”（《汉书·张敞传》）。所谓“浑其心”，指的是圣人之心总是处于“无心”的浑然状态，即无私心、私欲的状态。如果把“为天下浑其心”理解为“让天下人的心归于浑朴”，那就有失偏颇了。这个“浑”，并非民心浑，而是圣心浑，句中这个“其”，指的就是圣人。因为前面已经说了“圣人常无心”，所以才有这里的“浑其心”之说。

“百姓皆注其耳目，圣人皆孩之。”这句话似乎有省略，它的意思就是：对于圣人的一言一行，百姓都凭着自己的耳目关注着他，圣人也把百姓当作孩子一样来爱护。你看，在老子的观念中，圣人与百姓的关系犹如父母与自己的孩子一样，其中描绘的亲昵融洽的情景，我们似乎依稀可见。特别是那句“圣人皆孩之”所体现的爱民情怀尤其令人感慨。句中的“注”，有注入、集中的意思。“百姓皆注其耳目”，直译就是：（圣人的一言一行）都直接注入了百姓的耳目。意即百姓都凭他们的耳目关注着他，如同子女关注自己的父母一样。

全章读下来，一位得道圣人的亲民形象已赫然在目，老子治国之道在于爱民的思想已可窥一斑。中国的封建专制政治历来把百姓当作牛羊，治理天下谓之“牧民”，即把百姓当作牛羊一样来驱使，而近三千年前的老子却说“圣人皆孩之”。这种爱民如子的情怀是大道化育万物在政治上的体现。

第五十章

出生入死。生之徒[1]十有三，死之徒[2]十有三。人之生，动之死地亦十有三。夫何故？以其生生[3]之厚。

盖闻善摄生者[4]，陵[5]行不遇兕[6]虎，入军不被甲兵[7]。兕无所投[8]其角，虎无所措[9]其爪，兵无所容[10]其刃。夫何故？以其无死地。

注释

①**生之徒**：属于生的那一类。 ②**死之徒**：属于死的那一类。 ③**生生**：即光彩的人生。 ④**善摄生者**：善于养生的人。摄：保养。 ⑤**陵**：大土山，即丘陵。 ⑥**兕**（sì）：犀牛之类的独角兽。 ⑦**入军不被甲兵**：进入军中不会遭受兵器的伤害。被：遭受。甲兵：指兵器。 ⑧**投**：投刺。 ⑨**措**：施展，使用。 ⑩**容**：允许，许可。

解读

这是第四十四章的继续和发挥。

生，人之所欲也；死，人之所恶也。然生死各有其因，老子这样说——

人从出生的那刻起就进入了走向死亡的道路。这其中能够活下来，享受天年的约占三分之一；必然早死，不可能享受天年的约占三分之一；在人的一生中，劳心劳力于死亡之地的也约占三分之一。这是什么缘故呢？因为这些人有追求光彩人生的诸多厚望。

听说善于养生的人，在山野中行走不会遭遇犀牛、老虎之类的猛兽，进入军中也不会受到兵器的伤害。这是因为犀牛无法投刺它的角，老虎没法施展它的爪牙，兵器发挥不了锋刃的作用。这是什么缘故呢？因为善于养生的人没有进入死亡之地。

老子的这番话许多地方不好理解，我们还得好好研读、体悟。

“出生入死。”有人说，人出世叫生，入地叫死。也有人说，人脱离了生，就进入了死。其实，人从出生的那刻起就已进入了走向死亡的道路。人的一生犹如一个圈，有的圈大，甚至很大；有的圈小，甚至很小。但不论是谁，转了一个圈以后，大家都各自回到生命的原点。这个原点既是生的起点，也是生的终点。所谓“出生入死”就此而已。

“生之徒十有三，死之徒十有三。”即能够活的那一类和必然早死的那一类各占三分之一。所谓能够活的那一类，诸如先天本厚，后天得养，心气宽和，顺德而行的这一类人。所谓必然早死的那一类，诸如先天不足，后天失养，自然早死；或衣食匮乏，冻馁而死；或违天逆道，自作孽者、“强梁者”，“不得其死”（第四十二章）。等等。句中的“十有三”即三分之一。因为在文中，老子把“人之生”分为三类，即“生之徒”、“死之徒”和“动之死地”的人。而“动之死地”的这类人正是老子所要重点议论的。

“人之生，动之死地亦十有三。夫何故？以其生生之厚。”在人的一生中，劳心劳力于“死地”的也约占三分之一。何谓“死地”？老子在文中没有说。我以为“死地”不是兵法中“九地”意义上的死地，而是人的诸多贪婪之欲！因为人的欲壑难填，而且一旦进入往往不能自拔，因此可以认为是“死地”。句中的“动”字，有忙碌、操劳的意思。那么为什么有那么多人“动之死地”呢？原因就在于“以其生生之厚”。直译就是，因为他们有追求光彩人生的诸多厚望。也就是说，这些人有许许多多的愿望，就是为了追求人生的光彩、显达、富有和尊严。句中的“生生”，前一个“生”作形容词用，有光鲜、光彩的意思，后一个“生”作名词用，有生命、人生的含义。“厚”即重、深，指这些人的追求和愿望很多、很大。须知这种追求人生的光彩、显达、富有和尊严的动机和行为就是一种贪欲，而且这种贪欲是没有止境的，它耗尽了人的精力、心力，最终或殉于名，或殉于利。所以贪欲就是人的“死地”。在老子看来，人操劳一辈子狠狠争来的一切功、名、利、禄都是空的，这或许在他快要死的时候才会醒悟。老子认为，“动之死地”的这三分之一的人已经陷入了欲壑。他们为着“生生之厚”，或争名于朝，或争利于市。尔虞我诈，勾心斗角；殚精竭力，呕心沥血。以致为此过早地付出了自己的生命。那么善于养生的人是怎样的呢？请看下一自然段。

“盖闻善摄生者，陵行不遇兕虎，入军不被甲兵。兕无所投其角，虎无所措其爪，兵无所容其刃。夫何故？以其无死地。”善于养生的人在山野中行走不会遇上犀牛、老虎之类的猛兽——因为他避道而行，不想获得好汉、勇士的美名，并非猛兽不吃荤；进入军中不会遭遇兵器的伤害——因为他没有争取军功的厚望，以得爵封侯，并非刀枪不入，兵器不伤人。正是因为这样，犀牛无法投刺它的角，老虎无法施展它的爪牙，兵器也发挥不了锋刃的作用。这是什么缘故呢？因为他没有进入贪欲这块“死地”。大家可以想一想，一个人要是为了逞强而“勇于敢”（第七十三章)，或者为了获得一个什么美名，在“陵行”时，“明知山有虎，偏向虎山行”，那就进入了“死地”。一个进入行伍的人也是这样。其实任何人都是如此，要是为了实现亮丽人生的诸多厚望，即有“生生之厚”，那就进入了“死地”。可是一个“善摄生者”不这样做，因为他没有功、名、利、禄之欲，即无“生生之厚”，当然也就不可能进入这块“死地”。句中的“摄生”有养生的意思，如“君饮太过，非摄生之道”(《世说新语·任诞》)。

根据以上的分析和解读，你自然会觉得在学习这章时有一个很关键的词语必须理解，这就是“死地”，文中出现了两处，一是在中间:“人之生，动之死地亦十有三”;二是在结尾:“夫何故?以其无死地”。现在我们已经知道“死地”指的就是人的诸多贪婪之欲。这个难填的贪婪之欲，正是许多人的致死之鏖，所以老子把它隐喻为“死地”。全章虽然没有一个“欲”字，但是根据文意、语意和全章体现的思想，我们还是可以心领意会的。

需要指出的是，许多人对“死地”作过解释，但引经据典都是囿于字面上的意义。有的把“无死地”理解为身上没有可以致死的地方——似乎有什么护身符；有的甚至理解为没有送命的机会——似乎在碰运气。凡此种种，都反映了笔者的无奈和很不得已。

读完全章，我们也似乎意识到了道家哲学的局限。

“善摄生者”，无“生生之厚”，没有功名利禄之欲，这种淡定的人生确实令人感慨；道家轻物重生，全生避害也无可厚非。但是，一个“善摄生者”，如果进入军中没有争取军功之望，(这种意涵，尽管是属于我的分析和意会。)我以为对于这样的“摄生”，虽“不被甲兵”，却有失军士本色，也有损铮铮道骨。人们不禁会问，这样的军队何能克敌制胜？这样的民族何以自立于世界民族之林？这就是道家哲学的局限所在。

第五十一章

道生之，德畜[①]之，物形[②]之，器[③]成之。是以万物莫不尊道而贵德。道之尊，德之贵，夫莫之爵[④]而常自然。

道生之畜之，长之育之，亭之毒之[⑤]，养之覆[⑥]之。生而不有，为而不恃，长而不宰，是谓玄德！

注释

①**畜**：畜养。　②**形**：作动词用，有形成的意思。　③**器**：才能，本领。句中指的是万物的自然本能。按：本句王弼本及其他传世本为“势成之”。帛书甲、乙本皆作“器成之”。　④**爵**：爵位，君主国家所封的等级。按：御注本、敦煌本、帛书《老子》甲、乙本及傅奕本皆为“爵”。　⑤**亭、毒**：都有成熟的意思。　⑥**覆**：遮蔽，保护。

解读

前面好多章，老子都坐而论道，这章则坐而颂“德”。什么是德？我在第二十一章、第三十八章、第三十九章已经作过解释。德，可以是道德的，也可以是非道德的。所谓非道德的，即是指万物的自然本性或自然本能。本章中的德，既是万物的本性、本能之德，也包含超越万物的道之德。在这章老子这样说——

道生化了万物，德畜养了万物，物质形成了它们，本领成就了它们。所以万物没有不尊重道，贵重德的。道的尊重，德的贵重，可是谁也没有授予它们什么爵位，因为这都出自它们的本性、本能，永远是一种自然而然的过程和行为。

道生化、畜养了万物，使万物长成、孕育、结实、成熟，并不断给予滋养和荫庇。生畜万物而不占有，有所作为而不恃其为，使万物长成而不作它们的主宰。这才是玄妙的德行啊！

这就是老子在本章中所说的全部内容，他歌颂了大道之德。这个充满生机的世界：蛙鸣虫啾，莺歌草长；鸡啼狗欢，鸟飞鱼翔。在道家看来似乎有什么神奇之物在化育着，所以才如此生生不息。下面就让我们逐一予以解读和分析。

“道生之，德畜之，物形之，器成之。是以万物莫不尊道而贵德。”按照生物进化理论，世间的一切生物都由低等的原始生物进化而来，道家则认为世间万物皆由道生化而来，它们的自然品性都由德畜养而成。正是由于“道生德畜”，物质才自然形成了它们；本领才自然成就了它们。所以万物没有不尊重道，贵重德的。从老子的那些话中，我们已经不难体悟出道生德畜的整个生物界，一切生物的生命活动都是自生自为，自形自成的，都是一种本能的行为，是一个自然而然的过程。这些话也反映了道与德的意涵之不同：道者物之所共由，德者物之所自得。

句中的“器”，有本领、才能的意思，如“百工，各以器食之”（《礼记·王制》），句中指的是万物各具的自然本能。有人把“器”理解为器具，器物，那就有失偏颇了。

“道之尊，德之贵，夫莫之爵而常自然。”道尊德贵，可是谁也没有封它们什么爵位，它们永远是自然而然的。——这似乎是一种拟人的表达方式。鸟在天上飞，鱼在水中游；种豆得豆，种瓜得瓜。谁叫它们这样？没有。这是一种“常自然”的行为。“常自然”，即“道生德畜”、“物形器成”，永远是由自然之，自然而然的。道和德的意涵尽管有所不同，但有一点是相同的，那就是它们都是“常自然”的，即永远是自生自化，自形自成的。道家之所以崇尚自然，主张无为，其原因也在这里。

“道生之畜之，长之育之，亭之毒之，养之覆之。”这是大道之德的具体表现。大道生化、畜养了万物，并使之长成、孕育，结实、成熟，还不断给予滋养和荫庇。从老子的这些话中，我们似乎看到了万物芸芸，生机勃勃，一派成熟兴旺的景象：瓜甜果香，禾熟稻黄；五谷丰登，万物呈祥。而这种兴旺的景象正是道所赋予的。也正是因为这样，所以老子在第三十七章中说：“道常无为而无不为。侯王若能守之，万物将自化。”

句中的“亭”、“毒”都有成熟之意。“亭之毒之”，即成之熟之。“覆”即遮蔽，句中可以引伸为荫庇和保护。

“生而不有，为而不恃，长而不宰，是谓玄德。”这是对大道之德的高度概括，老子为此发出了“是谓玄德”的感叹。对于它的意思，我们已经耳熟能详，因为类似的话我们早在第二章、第十章就已经学过。老子的这些话在书中多次重复出现，它隐喻天下君王应该循道顺德，爱民治国，不应心存功利之欲。

综上所述，世间万物的道生德畜，物形器成，都是“道”和“德”所赋予的，而且这永远是一种自然而然的过程和行为。由此可见，“道”和“德”之所以玄妙，就在于它们都隐含着自然而然的性质。从表面上看，它们是浅显的，原始的，因而也是粗朴的。但细细体悟，似乎又觉得是弘富的，深奥的，甚至是玄妙的。如果我们以现在的这种感悟再去理解以前老子对“道”和“德”的那种如虚似玄的描述，就会觉得其中似乎有一种只可意会却难以言说般的奥妙！

道兮，德兮，自然而然；其玄兮，妙兮，吾莫能言！……

第五十二章

天下有始[1]，以为天下母。既得其母，以知其子；既知其子，复[2]守其母，没身不殆[3]。塞其兑[4]，闭其门，终身不勤[5]；开其兑，济[6]其事，终身不救。

见小曰明，守柔曰强。用其光，复归其明，无遗身殃，是谓袭常[7]。

注释

①始：本原，本始。　**②复**：回过来，再、又的意思。　**③没身不殆**：终生没有祸患。殆：危险。　**④兑**（duì）：洞穴，出口。　**⑤勤**：劳，辛苦。　**⑥济**：帮助。这里有作，为的意思。　**⑦袭常**：因循万物的常理。袭：承袭，因循。常：常规、常理，即事物变化的通则。

解读

天下万物的本原是道，只有体悟道，才能认知万物。而道的核心是无欲、无为。人们只有守护道，不忘这个核心，才不会带来灾殃。所以老子这样说——

天下万物必有个本原，以作为天下万物之母。已经认识了母，就可以知其子。已经知其子，回过来再守护其母，那一辈子就没有祸害了。堵住产生欲念的心窍，关闭企图有所作为的大门，那就终生不会劳苦。如果打开产生欲念的心窍，企图大作大为，那将终生无救。

能够见微知著叫“明”，能够守柔示弱叫“强”。运用大道启迪的智慧之光，懂得事物发展的常规、常理，那就不会给自身留下灾殃。这就是因循了事物变化的通则。

所有这些话，都是老子对世人的告诫。下面让我们再作些研读和分析。

“天下有始，以为天下母。既得其母，以知其子。既知其子，复守其母，没身不殆。”这些话的意思我在前面已经说了。在这里，老子把大道和天下万物的关系比作母与子，大道生化万物是自然而然，无为之为，如同母生子是自然无为一样。大道尽管无为，但是没有大道就没有天下万物，因此守护大道犹如儿子守护母亲一样重要。如果循道而为，顺德而行，即所谓“复守其母”，那就一辈子没有灾难，没有祸害。“没身”即终生，一辈子的意思。在这里，老子告诫世人应该守道寡欲，忍得住寂寞，不要胡作妄为。这就为下面的议论作了铺垫。

“塞其兑，闭其门，终身不勤；开其兑，济其事，终身不救。”“兑”即洞口，但它不是人体五官之“兑”。这个“门”也不是七情六欲之门。这个“兑”有心窍，念头的意思。因此“塞其兑”可以理解为堵住这个产生欲念的心窍。“闭其门”相对于后一分句的“济其事”来说，可以理解为关闭这个企图有所作为的大门。“济其事”则显然有大作大为的意思。老子的这句话从正反两个方面说明了人必须守道，循道。守道则“终身不勤”，否则“终身不救”。“勤”有劳，辛苦的意思，如“用之不勤”（第六章）。

“见小曰明，守柔曰强。”即能见微知著叫“明”，能守柔示弱叫“强”。在秦末楚汉争霸中，项羽的亚父范增察觉到了刘邦在入关前后个人生活方面的细微变化后劝项羽说，沛公入关前“贪于财货，好美姬，今入关，财物无所取，妇女无所幸，此其志不在小”(《史记·项羽本纪》)，意即要项羽马上干掉他。项羽没有理会，遂有后来的垓下之围，乌江之刎。项羽的败局足见范增有见小之明，能见微知著。当时，汉王刘邦居关中时的兵力号称二十万，实际只有十万。时楚王项羽兵四十万，号称百万。汉、楚兵力悬殊，刘邦只能守柔示弱，听任项羽的摆布，因其势之然也。在老子看来这就是“守柔”，守柔隐含着强大，否则就没有刘邦后来那番彪炳史册的帝业。“见小曰明，守柔曰强。”这是老子叫我们要有敏锐的眼力，既要见微知著，又要以柔弱自处，认为只有这样才是自存、发达之道。

“用其光，复归其明，无遗身殃，是谓袭常。”老子的这些话很难理解。所谓“用其光，复归其明，”简译之就是：运用大道之光,复归于大道之明。句中的“其”是代词“它”,即大道。“明”即明白。明白什么？文中没有说，但可以体悟出来，明白的是由大道揭示的事物变化的常规、常理。因此整段话的意思就是：凭大道启迪的智慧之光，让人们回复到由大道揭示的对世间事物变化常规、常理的认识上来。换言之，即让人们得以明白世间事物变化的常规、常理。人们按这个常规、常理行事，就不会给自身留下灾殃。这就叫做“袭常”，即因循了事物变化的常规、常理。譬如“自伐者无功，自矜者不长”(第二十四章)，这是事物变化的常理，明白了这个常理，那么在我们有了成绩、有了贡献时，就切不可自吹自擂，妄自尊大，应该谦虚谨慎，这样就不会招致祸患。又譬如“强梁者不得其死”(第四十二章)，这也是事物变化的常理。我们明白了这个常理，为人处世就切不可称王霸道，应该懂得谦让、施舍，要和周围的人和衷共济，和谐相处。如此等等，都是运用了大道启迪的智慧之光，使人们得以明白事物变化的常规、常理，从而避免必然会招致的灾殃。句中的“袭”有承袭、因循的意思；“常”即常规、常理，它有普遍永久的意义。把这两个字合起来，即所谓“袭常”，就是因循了事物变化的常规、常理，或者说承袭了事物变化的通则。

全章老子都在诫劝人们要守道，要寡欲、无为。既要见微知著，又要守柔示弱。做事要符合常规、常理，要懂得事物变化的通则。立身处世切不可违天逆道，避免遭遇祸患。

第五十三章

使我介然[①]有知：行于大道，唯施[②]是畏。大道甚夷，而民好径[③]。

朝甚除[④]，田甚芜，仓[⑤]甚虚。服文采，带利剑，厌饮食[⑥]，财货有余，是谓盗夸[⑦]。非道也哉！

注释

①介然：坚定的样子。介：独，独立。　**②施**（yí）：同“迤”，道路弯曲的意思。　**③径**：小道。　**④朝甚除**：官府大堂的台阶很多、很高。朝：官府大堂。除：台阶。　**⑤仓**：仓廪，指国库。　**⑥厌饮食**：吃饱喝足的意思。　**⑦盗夸**：饕餮无厌的强盗。夸：吃喝、贪欲过度。

解读

在这章，老子指出了封建统治者由于走上了歪门邪道给国家和人民造成的祸害，抒发了他对养尊处优，贪得无厌的封建统治者的愤懑之情。他这样说——

让我坚信这样的话：在大路上行走，只有走上逶迤的小道是最让人可怕的。大路十分平坦，但人们总爱走小道。

官府大堂的台阶高而威严，但田园严重荒芜，国库非常空虚。

尽管如此，仍有人穿着华丽的服装，也有人带着利剑，更有人平时吃饱喝足，还有大量的财货积余，这才是饕餮无厌的强盗。这天下正是无道啊！

老子对封建统治者走上贪腐的邪路而导致"田甚芜，仓甚虚"的社会现状深为不满，甚至骂他们是"盗夸"。我把它编辑为上、下两个小节，我们先来看上节。

"使我介然有知：行于大道，唯施是畏。大道甚夷，而民好径。"这里有两个字的意思得首先弄清楚。一是"介"字。介，有独或独立的意思，如"又有孤石，介立大江中"（郦道元《水经注·庐江水》）。句中的"介然"可以引伸为坚定的样子。"知"即相信，明白。因此"介然有知"，就有坚信的意思。有人将"介"解释为细微，当作"芥"字来理解，拟有不妥。二是"施"（读 yí）字。它在古汉语中有逶迤的意思，如"施从良人之所之"（《孟子·离娄下》）。除此之外，其他字就比较容易理解。这样整节话的意思就是，让我坚信这样的话：在大路上行走，只有走上逶迤的小道是最让人可怕的。大路十分平坦，但人们总喜欢走小道。

老子就这样，由人们平时的行为习惯引发了他对一些社会问题的议论。以下所出现的严重的社会问题就是由于有些人贪婪无度，不走正道、大道而爱走歪门邪道造成的。请读下一节。

"朝甚除，田甚芜，仓甚虚。服文采，带利剑，厌饮食，财货有余，是谓道夸。非道也哉！"这些话的意思我在前面已经说了，它充分反映了由于封建统治者的贪腐所导致的社会现实。句中开头的三个"甚"字，突显了封建专制政权已被蛀成一副空架子。"朝甚除"中的"朝"，不是有些人所理解的朝廷，而指的是官府的大堂，如《后汉书·刘宠传》："山谷鄙生，未尝识郡朝"。句中的"除"，也不是有的人所理解的"污"，而指的是台阶，如张衡《东京赋》:“乃羡公侯卿士,登自东除。”又如《朱子家训》:“黎明即起,洒扫庭除。”因此,“朝甚除”直译就是官府的大堂有很多、很高的台阶。意即有气势，很威严。(有些人把“朝甚除”理解为朝廷很败坏,那是完全错误的。)与此形成对比的是:“田甚芜”。田园严重荒芜，无人耕种。为什么？因为百姓为躲避赋税和徭役全跑光了。国家税赋减少了,这样自然“仓甚虚”,国库非常空虚。国家已经被走上邪路、贪得无厌的蛀虫们蛀空了。民生凋敝，国库空虚,但仍然有人“服文采”,穿戴得非常华丽光鲜;也有人“带利剑”，即封建专制政权只能以暴力来维护其统治了;更有人“厌饮食,财货有余。”句中的“厌”不是生厌,它有饱、满足的意思,如:“姜氏何厌之有？”(《左传·隐公元年》)所谓“厌饮食,财货有余”,就是吃饱喝足，还有大量财货积余。正因为如此，所以老子骂他们是“盗夸”，并发出了“非道也哉”的感叹。句中的“夸”有吃喝、贪欲过度的意思，如“贵而不为夸”(《荀子·仲尼》)。所谓“盗夸”,就是饕餮无厌的强盗。有些人把“夸”理解为“大”,“盗夸”就是大盗，那就有失偏颇了。

中国政治向来有王道、霸道之说。圣人为王，他的治道在德，即循道顺德；暴君为王，他的治道在力，即依靠恐怖和暴力。用现代的政治术语来说就是民主政治是王道，法西斯政治是霸道。“服文采，带利剑，厌饮食，财货有余”，反映的是典型的封建霸道。统治者利用手中的权力横征暴敛，饕餮无厌，老子对此表示了强烈的不满。

第五十四章

善建[1]者不拔，善抱者不脱，子孙以祭祀不辍[2]。

修之于身，其德乃真；修之于家，其德乃余；修之于乡，其德乃长；修之于邦，其德乃丰[3]；修之于天下，其德乃普[4]。故以身观身，以家观家，以乡观乡，以邦观邦，以天下观天下。吾何以知天下然哉？以此。

注释

①**建**：立，树立。　②**辍**（chuò）：断绝。按：此句竹简本及《韩非子·喻老》皆引为"子孙以其祭祀不辍"，多一"其"字。　③**丰**：富裕，丰实。　④**普**：广泛，普遍。按：此句郭店竹书本、帛书本及傅奕本皆为："修之身"、"修之家"、"修之乡"、"修之邦"、"修之天下"。

解读

老子认为天地间的任何有形之物都不可能久长，唯有人的懿德可以长留人间，泽被后世。因此修德是人生不朽的事业，它可以由自身而及家、乡、邦，乃至天下。他这样说——

善于建树大德的不容易拔除，善于抱守大道的不容易脱离。

因为德泽深厚，荫庇后世，所以子孙绵延，祭祀不绝。

天赋自然之德修之于自身，则其德必然质朴本真；修之于家，则其德必然殷实有余；修之于乡，则其德必然悠远绵长；修之于邦，则其德必然富裕丰实；修之于天下，则其德必然广泛而又普遍。因此，可以以我之身观人之身，以我之家观人之家，以我之乡观人之乡，以我之邦观人之邦，以今日之天下观过去和未来之天下。我是凭什么了解天下情形的呢？靠的就是这个道理。

我们在学习这章时要特别注意琢磨这个“德”字。在本章中，它的意义是道德之德，但更是事物的自然本真之德。老子将自然本真之德的修炼由一己之身推及于家、乡、邦乃至天下。为什么可以达到那样的效果呢？让我们对原文再作些研读和分析。

“善建者不拔，善抱者不脱，子孙以祭祀不辍。”意即“善建者”循道树德于人心，故“不拔”；“善抱者”抱道修德于自身，故“不脱”。老子认为只有建树于人们心中的懿德才是不容易拔除的，只有抱守质朴、自然、本真之德，才能使自己立于终生不殆之地，因而子孙绵延，“祭祀不辍”。

“修之于身，其德乃真；修之于家，其德乃余；修之于乡，其德乃长；修之于邦，其德乃丰；修之于天下，其德乃普。”这就是事物自然本真之德的修炼所达到的效果。老子的这些话自然会让我们想起儒家的经典《大学》中“修身”、“齐家”、“治国”、“平天下”的话来，可见道家和儒家一样十分重视人的人格和品德的修养，并且将修身与家、国、天下的兴旺结合起来。不过他们修炼的途径和目的各有不同：儒家通过“修身”、“齐家”达到“治国”、“平天下”；道家修身旨在自身的精神修炼，这种精神修炼由自身而及家、乡、邦乃至天下，从而普天下得以自然无为而治。在道家看来，天下是无须花过多的精力和心力去治理的，治天下那只是业余的事。只要每个人抱道守朴，把自己修炼成真就成。因为天下万物自生自为，自形自成，“我无为而民自化，我好静而民自正，我无事而民自富，我无欲而民自朴”（第五十七章）。

在老子的那些话中有一个字需要引起注意，这就是“乡”。乡是中国古代的一种居民组织，一万二千五百户为一乡。《周礼·地官·大司徒》云：“五州为一乡。”（州：二千五百家为一州。）由于古代人口没有我们今天这么稠密，因此老子说的这个“乡”比我们今天的农村基层政权（乡或镇）的区划大得多。

“故以身观身，以家观家，以乡观乡，以邦观邦，以天下观天下。吾何以知天下然哉？以此。”得道圣人之所以能够知人、知物、知天下，靠的就是这种由己度人、由此及彼的推理。老子在第四十七章中说的“不出户，知天下；不窥牖，见天道”，其实也是这种推理。按照道家的理论，一物有一物之德，同物同有其德。作为人因同有其身，故同有其德，即天下人性相同，人心相通。譬如有功名利禄之欲，有好逸恶劳之习，等等。还有相同的社会道德观念，如损人利己是可鄙的，大公无私是高尚的等等。所以可以“以身观身”，推己及人。不仅是人，世间的所有事物也无不有相同之处，譬如“飘风不终朝，骤雨不终日”（第二十三章），“夫物芸芸，各复归其根”（第十六章），“金玉满堂，莫之能守”（第九章），“夫唯不争，故天下莫能与之争”（第二十二章）。如此等等，都是放之四海而皆准的道理。所以可以凭着这种推理，由自身而及家、乡、邦，乃至天下。所谓“以天下观天下”者，即以现在之天下观过去和未来之天下。老子正是以这种推理来感知人事和天道的，这就是“吾何以知天下然哉？以此”。当然，这种推理和感知是脱离了世俗偏见，建立在高远的人生境界之上的，否则就无以感知人事，观照万物。

第五十五章

含德之厚，比于赤子[①]。蜂虿虺蛇不螫[②]，攫鸟[③]猛兽不搏。骨弱筋柔而握固。未知牝牡之合而朘[④]作，精之至也；终日号而不嗄[⑤]，和之至也。

知和曰常，知常曰明；益生曰祥[⑥]，心使气曰强。物壮则老[⑦]，谓之不道，不道早已[⑧]。

注释

①**赤子**：指婴儿。　②**蜂虿虺蛇不螫**：蜂蝎毒蛇都不会叮咬。虿（chài）：蝎类爬虫。虺（huī）：一种毒蛇。螫（shì）：叮刺。　③**攫鸟**：指猛禽。攫（jué）：迅速抓取。　④**朘**（zuī）：婴儿的小阴茎。⑤**嗄**（shà）：嘶哑。　⑥**益生曰祥**：增益生命的行为是吉祥的。　⑦**老**：衰败的意思。　⑧**已**：停止，终结。

按：“知和曰常，知常曰明”帛书甲本及竹简本为“和曰常，知和曰明”

解读

这一章称得上是道家的养生经。老子这样说——

一个德养深厚的人，好比赤身裸体的婴儿。蜂蝎毒蛇不会叮咬他,凶禽猛兽也不会抓扑他。他筋骨柔软,小拳头却握得紧紧的。他不知道男女交合的事，小阴茎却自动勃起，这是因为精气极其充足；他整天号哭，但声音并不嘶哑，这是因为血气十分安和。

须知世间万物的和合是事物存在的常理，懂得这个常理才是明白了自身的自安、自存之道。一切增益生命的行为都是吉祥的,但是如果心起歹念，驱使生理的自然本能恣意发作那是逞强。事物发展到了盛壮强大就会趋向衰败,因为盛壮强大是不合乎道的,不合乎道的就会早早终结。

从老子的那些话中，我们不难明白，养生重在人的自然本真之德的修养。内养元真之精，外显和宽之气，从而达到身逸气和,身心安和。下面让我们再慢慢研读，好好体悟老子说的那些话。

“含德之厚，比于赤子。”这个“德”包括道德和人的自然本真之德。“赤子”指的是婴儿。我前面曾经说过，老子常常拿婴儿说事，就是因为婴儿是人之初，是人的一种初始状态，他是人之“朴”。在婴儿身上体现着人的自然本真之德，如无欲无邪,质朴纯真等等。因此厚德之人总是将婴儿那样的心理和生理状态作为自身品德和自然本真之德修养的最高境界。

“蜂虿虺蛇不螫，攫鸟猛兽不搏。”这是一种反衬的写法，并非有什么神灵在保佑着他。意即婴儿因为具有无欲、无邪的自然本真之德，所以连蜂蝎毒蛇也不会去叮咬他，凶禽猛兽也不会去抓扑他，更何况是人呢？这就是说，在无欲无邪的人面前没有敌害，任何人都不会加害于他。——这是厚德之人从婴儿的心理上得到的启发。

“骨弱筋柔而握固。未知牝牡之合而朘作，精之至也；终日号而不嗄，和之至也。”整段话的意思我前面已经说了。婴儿的生理状态之所以能够达到这种程度，就是因为他的元气充足，精气旺盛，血气安和。天有三宝日、月、星，人有三宝精、气、神。人只有元气充足，精气旺盛，血气安和，才能神气焕发。——这是厚德之人从婴儿的生理上得到的启发。

那么，养生除了要有婴儿般的心理和生理状态，达到身心的安和外，还应该如何处理自身与外在事物的关系呢？下面请继续听老子说的。

“知和曰常，知常曰明。”“常”是道家思想体系中一个重要的哲学概念，指的是事物存在或变化所遵循的常规、常理，这在前面第五十二章我就曾经讲过。显然，这个“常”，具有普遍永久的意义。“知和曰常，知常曰明”即是说，要懂得世间万事、万物的协调，或者相处的和合是事物存在的一种常规、常理。即和为贵，和为常。懂得这个常规、常理才是明白了自身的自安、自存之道。中国人对这个“和”字的理解实在是太丰富了，世间事物或情感的协调都可以称之为“和”，而且世间万物也无不以和而立。整个道生德畜的生物界就是一片和静的世界。你想到过没有，人和动物的躯体都是左右对称的，就连植物生长的小叶片儿也是这样，或对生，或互生，很有规律。这种对称的或有规律的生长就是和。盖房子，搞装修，人们都喜欢对称的，就连门窗也是这样，不对称就觉得不舒服。这种对称或有规律的布局就显得协调，这种协调就是和。社会成员和睦相处，无纷争，则社会和谐，相处和合；行事顺风顺水，说明诸事和顺；各方努力协作，则工作和协，心意和合；观察分析问题事理通达，则心气和平，心情和悦；等等。天地万物的存在都是以和为基础的，和是万物存在的基本特征。万物因和而生，因和而长，因和而兴。所以《中庸》第一章就说:“和也者，天下之达道也。”因为和意味着或得天时，或得地利，或得人和。所以，和是天地万物存在的常理。这就是说，一个具有德养的人应该寻求自身身心的安和，以及与外在事物的协和，这才是懂得了养生的真谛。

“益生曰祥，心使气曰强。”何谓“益生”？益生就是增益生命的行为。诸如情志调适益生，饮食起居益生，运动保健益生，医药调理益生等等。这些增益生命的行为都是好事，是吉祥的。但是，如果心起歹念，驱使生理的自然本能恣意发作，那就是逞能示强。因为“心使气”是欲念所致，其结果必然是大作大为。这既扰乱了自身原本恬淡和宽的情志，也破坏了自己与外在事物原本和合的状态，这就有悖于事物存在的常理，因此是不明智的。可见，为增益生命，为保持自身身心的安和，就必须寡欲，甚至无欲。因为养生之要，在于养心，而养心没有比无欲更为重要的了。爱因斯坦曾经这样说：“安静而有节制的生活能比在不安困扰下追求成功带来更多的善悦。”（1922 年爱因斯坦留给送信的日本邮递员的便条。）也同样说明了这个道理。

老子认为一个德养深厚的人应该始终保持像婴儿那样的心理和生理状态，无欲无邪。内无忧虑之患，外不逞能示强，从而使身心始终处于恬淡和平的状态。

“益生曰祥”中的“祥”，本义是凶吉的预兆，这里是吉祥的意思。在《老子》中涉及“祥”字的凡三处，另两处在第三十一章：“兵者不祥之器”，第七十八章：“受国不祥，是谓天下王”。可见“祥”就是吉祥的意思，它没有凶兆的含义。有些人把本章中的“益生”理解为“厚生”，即过度养生，因此把“祥”理解为妖祥或凶兆，这未免有些牵强。对此本人不敢苟同。

“物壮则老，谓之不道，不道早已。”句中的“壮”是盛、壮、强、大的总称。老子这话的意思是说，世间事物发展到了盛壮强大以后就会趋向衰败，因为盛壮强大是不合乎道的，不合乎道的就会很快终结。所以一个有德养的人不应该去谋求事物的盛、壮、强、大，而应该守柔示弱，始终以婴儿的心理和生理状态作为自身修养的最高境界，这不仅因为在他身上体现着人的真朴的自然品性，更因为在他身上充满希望，充满阳光。

第五十六章

知[1]者不言，言者不知。塞其兑[2]，闭其门；挫其锐，解其纷；和其光，同其尘。是谓玄同。故不可得而亲，不可得而疏；不可得而利，不可得而害；不可得而贵，不可得而贱。故为天下贵。

注释

①知：同“智”。 **②兑**（duì）：洞口。

解读

本章讲的是德养深厚的得道之士所具有的人生境界，或者说，在他身上所体现的大德。老子这样说——

有智慧的人总是寡于言谈，好于言谈的人往往没有智慧。得道之士已经堵住了产生欲念的心窍，也关闭了企图有所作为的大门；挫磨了他的锐气，也解脱了他的纷争；柔和了他明星般耀眼的光芒，也使他超尘脱俗般的清高和神仙般的优雅混同俗尘。这就是得道之士的玄妙之同。所以对于这样的人，你无法因为得到了他而亲近他，也无法因为得到了他而疏远他；不会因为得到了他而获得什么好处，也不会因为得到了他而招来什么害处；不可能因为得到了他而特别尊重他，也不可能因为得到了他而鄙视他。所以，这样的人自然就成了天下最尊贵的人。

老子的这些话，得道之士的那种淡定的人生，确实令人感慨。下面让我们再作些分析，并仔细品鉴他的“含德之厚”（第五十五章）。

“知者不言，言者不知。”句中的“知”同“智”，即有智慧、明事理。“知者”，指的就是本章后面所说的有智慧的得道之士。（有些人把“知”理解为知道，这就有失偏颇了。）那么，有智慧的得道之士为什么总是寡于言谈呢？为什么好于言谈的人往往没有智慧呢？因为有智慧、明事理的得道之士，没有功名利禄之欲，对人生非常淡定。他“独与天地精神往来”，“澹然独与神明居”。（《庄子》卷十）因此对于世事、俗事没有必要言谈，也不值得言谈。而好于言谈的是世人，是俗人，是“闻道大笑之”的“下士”（第四十一章）。他们所关注和言谈的大都是功名利禄，或衣食住行、吃喝玩乐；他们追名逐利，如同苍蝇、蚂蚁一样；他们为了人生的光彩、显达、富有和尊严而“动之死地”（第五十章），忧劳终生。所以就显得没有智慧，也不明事理。

“塞其兑，闭其门。”这话并不陌生，在前面第五十二章我们刚讲过。在这里讲的是得道之士与世俗之人不同的地方。他无欲无为，已经堵塞了产生欲念的心窍，也关闭了企图有所作为的大门。这一“塞”一“闭”，突显了得道之士的人生境界是异于也是高于一般世俗之人的。其德之玄，就玄在这里。

“挫其锐，解其纷；和其光，同其尘。”这些话也同样不陌生，因为我们早在前面第四章就讲过。不过，这些话在不同的语言环境中所表达的意思有所不同。在第四章中表达的是大道的作用和力量，它是着眼于整个人世间的事来说的。在这里，表达的是得道之士的品德修炼及其结果，也体现了得道之士混同众生的玄妙之德。

“挫其锐”——挫磨了他披荆斩棘的锐气和桀骜锋利的品性。

“解其纷”——解脱了他困扰身心的各种纠结和世俗利益纷争。

“和其光”——柔和了他星斗般耀眼的光芒和令世人炫目的各种光环。

“同其尘”——使他超世脱俗般的清高和神仙般的优雅混同俗尘，即处于和世俗等同的状态。

“是谓玄同。”这是总结性的话语。“塞其兑，闭其门。”——这就是“玄”，是一般世俗之人所难以理解和做到的；“挫其锐，解其纷；和其光，同其尘。”——这就是“同”，即挫磨锋芒，解脱纷争，掩饰光芒，从而使自己的人生混同俗尘。把这些话合起来，那就是：既异于俗人，又同于俗人。这就叫作“玄同”，即玄妙之同。

老子认为一个得道之士应该无欲无争。他不认同好争好斗，不肯甘居人后的处世态度，当然也反对标新立异、鹤立鸡群而成为众矢之的，他主张“方而不割，廉而不刿，直而不肆，光而不耀”（第五十八章）。老子这种保守的思想有其合理的成分，而且和第六十七章所说的“不敢为天下先”的思想是相一致的。

无欲无争，和光同尘。这就是道家的处世哲学。

“故不可得而亲，不可得而疏；不可得而利，不可得而害；不可得而贵，不可得而贱。故为天下贵。”这些话的意思我在本章开始的时候就已经说了。得道之士对人生，对功名利禄的淡定确实令人感慨，因为它超越了亲疏、利害、贵贱等等一切世俗价值，充分体现了一种大道之德，所以才“为天下贵”。也正因为如此，儒家的鼻祖孔子把老子比作是“乘风云而上天”的龙。

孔子见过老子以后曾经对他的弟子说:“鸟，吾知其能飞;鱼，吾知其能游;兽，吾知其能走。走者可以为网，游者可以为纶，飞者可以为矰。至于龙，吾不能知，其乘风云而上天?吾今日见老子，其犹龙邪!”(《史记·老子韩非列传》,矰:读 zēng，一种用丝绳系住的用来射鸟的短箭。)确实,对于一个“不可得而亲，不可得而疏;不可得而利，不可得而害;不可得而贵，不可得而贱”的人，不是飞禽、游鱼和走兽之类，是任何人可以用什么方法笼络、利用，甚至控制他的。这样的人不正是行空的天马，能“乘风云而上天”的龙吗?

第五十七章

以正[1]治国，以奇[2]用兵，以无事取天下。吾何以知其然哉？以此：天下多忌讳[3]，而民弥贫[4]；民多利器，国家滋昏；人多伎巧[5]，奇物滋起；法令滋彰，盗贼多有。故圣人云：我无为而民自化，我好静而民自正，我无事而民自富，我无欲而民自朴。

注释

①**正**：正道。　②**奇**：即变，出人意料。　③**忌讳**：禁避。忌：禁忌。讳：避忌。　④**而民弥贫**：竹书本为“而民弥叛”。　⑤**人多伎**（jì）**巧**：帛书甲本为“人多知而滋……”（缺末字）。

解读

这一章反映的是老子关于治国理政方面的一些基本思想，是圣人的为政之德，他这样说——

以正道治理国家，以奇术用兵打仗，以自然无事取得天下。我是怎么知道这些道理的呢？那是以下一些事情给我的启发：天下禁避越多，百姓越贫困；民间兵器越多，国家越混乱；伎艺机巧越多，奇异物品越兴作；法令越是明确，盗贼越会非常普遍。所以圣人说：我自然无为，百姓就会自然风化；我好于清静，百姓就会自守规矩；我自然无事，百姓就会自然殷富；我淡然无欲，百姓就会自然淳朴。

这些道理听起来很简单，也很轻松，它是老子以无为治国、以无事取天下的思想基础。因为世间事物存在两面性，所以“无事”是取天下最好的办法。下面不妨让我们再作些简单的分析。

“以正治国，以奇用兵，以无事取天下。”这是全章议论的中心。“治国”、“用兵”、“取天下”都是军国大事，但方略各异。“以正治国”，即运用常规、常理之正道来治理国家，不能运用智巧，玩弄权术来愚弄百姓，欺骗人民。否则，祸国殃民，国乱无日。所以老子在第六十五章中说“以智治国，国之贼；不以智治国，国之福”。“用兵”则相反，运用的是莫测多变之诡道。“以奇用兵”，这个“奇”有出人意料的意思，如成语“出奇制胜”。兵法有云：兵者，诡道也。可见治国用兵，截然两道，方略迥异。而“取天下”则以“无事”，即自然无事。“无事”不是无所事事、无所作为，而是不无事生事，不破坏原来的自然、正常、合理的状态。“治国”和“取天下”，两者意涵不同，因此方略也就各异：“治国”以“无为”，“取天下”以“无事。

“吾何以知其然哉？以此”，这一句在这里起着承上启下的作用，下面说的就是一些具体的负面事例，来进一步说明为什么必须“以无事取天下”。

“天下多忌讳，而民弥贫”，意即管得太多，约束太紧，控制太严，百姓越是贫困。因为这些“忌讳”禁锢了人们的思想，也束缚了人们的手脚，它使人失去了自由和自主，自身生存的主观能动作用无法正常发挥，所以必然导致贫困。“忌讳”即禁忌、避忌，这里是指国家限制百姓行为的诸多条条框框。

“民多利器，国家滋昏”，民间兵器越多，国家就会越混乱。即是说，民间兵器的铸造、使用状况可以直接反映社会稳定的程度。句中的“利器”不是有的人理解的“先进的器具”，而指的是刀、剑、矛、戟之类的锐利兵器，如“国之利器不可以示人”（第三十六章）。“滋”，在这里作副词用，有越、更加的意思，如“贪取滋甚”（柳宗元《蝜蝂传》，甚：厉害）。“民多利器”，必然肇事，甚至图谋不轨。它的大量铸造和使用是一个重要的不安定因素，所以老子说，民间兵器越多，国家就会越混乱。正是因为这样，秦统一六国以后“收天下之兵，聚之咸阳，销锋镝，铸以为金人十二，以弱天下之民”（贾谊《过秦论》）。此后，历朝历代都十分重视。就是在今天，我们对民间枪支的私自藏匿也要给予量罪定刑，对有关刀具和易燃、易爆物品的管制也是很严格的。当然这都是从国家安定、社会稳定的角度考虑。

“人多伎巧，奇物滋起”，人们普遍地好于技艺和机巧，则新奇物品越兴作。——有创新，有创造，按理说是件好事，但老子认为，这会引起人们的物欲之念，影响淳朴民风的形成。毫无疑问，这是重农抑商的封建理念的反映。句中的“伎”即技艺，“伎巧”即技艺和机巧。

“法令滋彰，盗贼多有。”法律、政令规定得越明确，越具体，则盗贼越会非常普遍。因为百姓苦于生计，必然铤而走险，法律、政令已经没有约束作用。所以“法令滋彰”是“盗贼多有”的一个反映。句中的“多”，有普遍的意思。“彰”即明显，这里有明确、具体的意思。

老子认为以上这些治国中存在的负面问题，说明国之所以难治，不是因为作为太少，管得太宽，而是作为太多，管得太过。

所以他在第七十五章中说“民之难治,以其上之有为,是以难治”。有鉴于此，老子得出了如下结论：

“我无为而民自化”——我因循自然，顺德而为，则百姓移风易俗，自然风化。

“我好静而民自正”——我自然超脱，好于安静，则百姓自然遵纪守法，自守规矩。

“我无事而民自富”——我循道顺德，不无事生事，则百姓自由自主，自然殷富。

“我无欲而民自朴”——我淡泊无求，无私无欲，则百姓自然淳厚朴实。

在这里，老子借用圣人的话来表达他反对过多的行政干预，让人民享有更多的自由和自主的政治主张，当然也反映了他与民休养生息以厚民生的思想。

第五十八章

其政闷闷[1]，其民淳淳[2]；其政察察[3]，其民缺缺[4]。祸兮，福之所倚；福兮，祸之所伏。孰知其极[5]？其无正[6]！正复为奇，善复为妖[7]。人之迷，其日固久！是以圣人，方而不割[8]，廉而不刿[9]，直而不肆[10]，光而不耀。

注释

①**闷闷**：混沌，糊涂。这里有宽松的意思。 ②**淳淳**：淳厚的样子。 ③**察察**：非常清楚的意思。 ④**缺缺**：缺少的样子。 ⑤**孰知其极**：怎能知道它的最终结果呢。孰：文言代词，什么，怎么。极：尽头，终点。 ⑥**正**：固定，定准。按：帛书本此句为“其无正也”。下文“人之迷，其日固久”，傅奕本、帛书本为“人之迷也，其日固久矣”。 ⑦**妖**：怪异，反常。 ⑧**割**：伤人。 ⑨**廉而不刿**（guì）：有棱角但不至于把人划伤。廉：棱边。刿：刺伤，划伤。 ⑩**肆**：放肆，无忌。

解读

这一章，老子由社会政治的得失引出世间事物互相转化的道理，并告诫人们为人处世应遵循的一般原则。他这样说——

国家政治宽松混沌，民风反而淳厚朴实；国家政治规严约紧，民生反而凋敝衰微。祸啊，依托着福；福啊，隐伏着祸。怎能知道事物发展的终极结果会怎样呢？大概没有一个定准吧！原本合乎常规的事物，结果却出人意料；原本美善的事物，结果却变得稀奇古怪。人们对于世间事物的这种迷惑，时日早就已经很久了！正是因为这样，圣人立身处世总是为人方正但又不伤害他人，有棱角但又不至于把人划伤，为人率直但不放肆，有光亮但不耀眼。

老子的这些话讲得多好啊！“方而不割，廉而不刿，直而不肆，光而不耀”，这应该永远是我们的人生圭臬。下面让我们再作些解读和分析。

“其政闷闷，其民淳淳；其政察察，其民缺缺。”这些话读起来很有韵味，闻其声，则可知其义。这里的“闷闷”，似乎在隐喻国家政治混沌，有点稀里糊涂。这样的政治虽然不很清明，但环境宽松，因而“其民淳淳”，老百姓淳朴得很。“察察”，即各种法令、法规制定得清清楚楚。上有政策法令，下有乡规民约，各种条条框框，把老百姓看管得很严很紧。这样的政治，社会虽然安定，但“其民缺缺”，即老百姓缺衣少食，民生凋敝。——这就是事物的两面性。老子就这样，由社会政治的得失引出了世间事物祸福相依的道理。

“祸兮，福之所倚；福兮，祸之所伏。孰知其极？其无正！”对于这些祸福相依的话人们已经熟能成诵，但是怎能知道事物发展的最终结果会怎样呢？大概没有一个定准吧！这些话反映了事物存在的两面性和事情发生的不确定性。句中的“正”有定准的意思。

“正复为奇，善复为妖。人之迷，其日固久！”句中的“正”、“奇”与前一章“以正治国，以奇用兵”中的“正”、“奇”意思相同。

“复”同“返”，有返回的意思。因此整句话的意思用现代汉语来表述就是：原本合乎常理的事物，其结果却出人意料；原本美善的事物，其结果反而变得稀奇古怪。人们对于世间事物变化莫测所产生的迷惑，时日早就已经很久了。正是由于世间事物发展变化的不确定性，所以老子在第二十一章中对于道的描述是这样的：“道之为物，惟恍惟惚。惚兮恍兮，其中有象；恍兮惚兮，其中有物。”世间事物变化的不确定性及祸福相依的道理就是对道如虚似玄般描述的最好注脚。懂得了这个道理，你或许会觉得道不再那么玄了。

正是因为世间许多事物具有两面性和发展变化存在不确定性，所以为人处世，立身行事不能任性，要有所收敛，更不能走极端。

“是以圣人方而不割，廉而不刿，直而不肆，光而不耀。”这些话的意思我在前面已经说了，它应该永远成为我们的人生指南。

“方而不割”——为人应该方正，行事正派，有原则，有立场，但又不至于伤害他人。

“廉而不刿”——为人应该有棱有角，不是随便可以冒犯的，但也不能锋芒毕露，好争好斗，处处树敌。

“直而不肆”——为人应该坦率真诚，光明磊落，但也不能放肆无忌，没有敬畏之心。

“光而不耀”——为人有才华，有能力，有贡献，但应该谦虚谨慎，不自伐，不自矜。

让老子的这些话成为我们的座右铭，伴随我们的一生。

第五十九章

治人事天，莫若啬[①]。夫唯啬，是以早服；早服，谓之重积德；重积德，则无不克；无不克，则莫知其极[②]；莫知其极，可以有国；有国之母[③]，可以长久。是谓深根固柢[④]、长生久视[⑤]之道。

注释

①**啬**（sè）：节省，节俭。　②**极**：极限。　③**国之母**：国家的根本。　④**柢**（dǐ）：树根，根底。可以引伸为基础。　⑤**长生久视**：长盛不衰。久视，犹如人之耳目不衰。

解读

这一章老子讲节俭之德。他认为节俭不但应该是人之德，而且也应该是国之德。他这样说——

治理百姓，侍奉上天，都不如节俭重要。由于是节俭，所以这种品德是需要早早适应，成为习惯的；早早适应，成为习惯，就是重视了节俭这种品德的积累；重视节俭这种品德的积累，以后就没有克服不了的难事；没有克服不了的难事，那就无法估量其能量和前途的极限；无法估量其能量和前途的极限，那就可以成就他的国家；国家有了节俭这个立国之本，那就可以长治久安。这就是国家根深基固，长盛不衰之道。

全章运用六个递进式的分句，层层深入地阐述了这个“啬”，即节俭所产生的巨大作用。节俭这种好习惯、好品德真是不可小觑啊！一切志存高远，想有所作为的青年，不可不重视这种品德的养成。下面让我们再作些研读和分析。

“治人事天，莫若啬。”本章开门见山就指出“啬”即节俭的重要：治理百姓，侍奉上天，都没有比节俭更为重要的。全章的议论就由“啬”而发。人们见到“啬”马上会和“吝啬”一词联系起来。其实，“吝”和“啬”两字的词义有所不同。“吝”是过分爱惜自己的财物，该用的舍不得用，当给的舍不得给。而“啬”是根据财物多少加以节用，有节省、俭约之意。老子重视的是“啬”，即节俭。

“夫唯啬，是以早服；早服，谓之重积德。”这句话有一个很重要的字需要特别注意，这就是“服”，它有习惯、适应的意思，如“卒不服习”（晁错《言兵事疏》），又如口语“水土不服”。理解了“服”的意思以后，整句话的意思就十分明确了：由于是节俭，所以这种品德是需要早早适应，成为习惯的。早早成为习惯，那就是重视了节俭这种品德的养成和积累。这就是说，节俭这种品德从早培养，使其慢慢适应成为习惯的过程，就是其美德逐步积累的过程（即所谓“积德”）。

在这里需要指出的是，有的人把句中的“服”理解为服从或归服于道。这就不免有牵强之嫌。——尽管节俭这种品德是合乎道的。

“重积德，则无不克；无不克，则莫知其极。”这个“极”和前一章的“孰知其极”中的“极”意思相同。因此这些话的意思就是：重视了节俭这种品德的养成和积累，以后就没有克服不了的难事；没有克服不了的难事，那就无法估量其能量和前途的极限。

“莫知其极，可以有国；有国之母，可以长久。”即无法估量其能量和前途的极限，就可以成就他的国家；国家有了节俭这个立国之本，那就可以长治久安。句中的“有国”，即成就他的国家；“国之母”可以理解为国家的根本，即立国之本。

“是谓深根固柢、长生久视之道。”句中的“柢”，指的是根柢，亦即根底，“深根固柢”即“根深柢固”，根扎得很深，基础很牢固。所谓“长生久视”，即如人之长生不老，耳目不衰。这样，最后一句的意思就是：这就是国家根深基固，长盛不衰之道。

老子就这样，把节俭这种品德的养成由自身推及前途乃至国家，足见节俭这种美德从早、从小养成是何等重要。为人不可不思，也不可不行。节俭是道家处世的基本原则，所以老子竭力主张治国应该“去甚、去奢、去泰”（第二十九章）。

诸葛亮说：“勤以修身，俭以养德。”（《诫子书》）清代的朱柏庐在他的家训中也说：“一粥一饭当思来之不易，半丝半缕恒念物力维艰。”（《朱子家训》）我们的先人之所以那么重视节俭，这是因为节俭可以玉成人的许多其他品德，它是一切美德的基础，小则可以成其家，大则可以成其国。一切有志于国家，有志于人民的青年应不忘古训，身体力行。

第六十章

治大国若烹小鲜①。

以道莅②天下，其鬼不神③；非其鬼不神，其神不伤人；非其神不伤人，圣人亦不伤人。夫两不相伤，故德交④归焉。

注释

①小鲜：小鱼。 **②莅**：临。这里有监督，监管的意思。 **③其鬼不神**：似乎鬼怪也不再灵验。其：句中语气词，表示揣测，下同。神：有灵验之意。**④交**：并，一起。

解读

本章反映的是圣人的治国之德，老子以烹饪小鱼为例，来说明治理国家应当以自然无为的方式。他说——

治理大国就应该像烹饪小鱼一样。

以道来监督天下，或许鬼怪也不再灵验了；不是鬼怪不灵验，而是或许灵验而不伤害人；不是只有它不伤害人，圣人也不伤害人。这样两者都互不伤害人，治理天下的功德就全归于圣人了。

你看，以道来监督天下似乎连妖魔鬼怪都被感化、降服了，还有什么治理不好的呢？

“治大国若烹小鲜。”这是一个比喻，当然也是全文的主旨。基于生活经验，烹饪小鱼不可以经常翻动，而应文火烧煮，使之慢慢和味熟化。老子认为治理大国也应该这样，不要作为太过，对百姓干预太多。要自然、无为，给天下百姓以充分的自由和自主，那就能“我无为而民自化，我好静而民自正，我无事而民自富，我无欲而民自朴”（第五十七章）。反之，如果干预太多，作为太过，则民不堪其扰，国家就会乱成一锅粥，如同烹饪的小鱼煮成稀巴烂。须知治理大国是不能这样瞎折腾的。像烹饪小鱼那样来治理大国，这就是无为治国的艺术。

那么以自然无为的方式来治理国家，能产生怎样的效果呢？请继续听老子说的。

“以道莅天下，其鬼不神。”“以道莅天下”，就是以自然无为治国的另一种说法。以这样的方式来监管天下，似乎连妖魔鬼怪也没那么灵验了，因为它们被感化、降服了，更何况是人呢？所以天下哪有治理不好的呢？“其鬼不神”，这就是“以道莅天下”所产生的效果。句中的“莅”即“临”，如双音词“莅临”。它有从上督察的意思，因此可以理解为监管、监督，比直接治理高一层次。句中的“神”，有灵验的意思；“其”，语气词，有揣测之意。

“非其鬼不神，其神不伤人；非其神不伤人，圣人亦不伤人。”这是两个递进式的分句，用现代汉语来表达就是：不是好像鬼怪不再灵验，而是因为它不再伤人；非但它不伤人，圣人也不伤人。圣人不伤人，这很好理解，因为“圣人之道，为而不争”（第八十一章）。那么，为什么“其鬼不神”，“其神不伤人”呢？根据文意和全章体现的思想，应该是“鬼”对圣人无为治国的认可。换言之，圣人以无为治国，连鬼怪都认可了。显然，这是一种反衬的表达方式，并非老子迷信鬼神。

其实，“鬼”的神与不神，伤人与不伤人，都是相对的。人有所求，则“鬼”自神，甚至伤人；若人无欲无求，则“鬼”何“神”之有？今“以道莅天下”，以自然无为治国，圣人既无居功得利之望，也无佑福避祸之祈，因此也就无须祭鬼祀神。这样，鬼、人各行其道，各处其安。故“其鬼不神”，“其神不伤人”。——我以为老子所要表达的意思不过如此而已。

“夫两不相伤，故德交归焉。”这是承接上句而来。“神不伤人”，“圣人亦不伤人”。这样，两者都不互相伤害人，因此治理天下的功德就全归于圣人了。这就是说，“鬼不神”以至“不伤人”，这有“鬼”的一分功德，（因为按理说，“鬼”是很“神”，而且要伤人的。）现在“以道莅天下”，这分功德就归于圣人了。所以老子说“德交归焉”。句中的“交”有并、一起的意思，如“风雨云雷，交发而并至”（陈亮《甲辰答朱元晦书》）。

通过以上分析和解读，我们清楚了，全章运用的是反衬的手法，说明像烹煮小鱼那样以自然无为的方式来治理大国，可以使鬼、人自安，天下“大顺”（第六十五章）。

第六十一章

大国者下流[1]，天下之牝[2]，天下之交[3]。牝常以静胜牡，以其静，故宜为下[4]。故大国以下小国，则取小国；小国以下大国，则取于大国。故或下以取，或下而取。大国不过欲兼畜人[5]，小国不过欲入事人。夫两者各得其所欲，大者宜为下。

注释

①下流：江河的下游。按：帛书甲本全文“国”字皆为“邦”。 **②牝**：指的是雌性鸟兽。下一句“牡”，指的是雄性鸟兽。 **③交**：交会，会归。 **④下**：谦下，卑下。下同。 **⑤兼畜人**：兼得更多的士民。兼：合并，一起。畜：同“蓄”。

解读

这一章，老子讲大国和小国的相处之道。他这样说——

大国就像位势低下的江河下游，也像怀有慈爱之心的天下母性，因此大国自然成了天下士民交会的地方。母性动物总是以其静穆而胜过雄性动物，也因为它的静穆，使它自然合适地处于卑下的地位。所以大国首先应该以谦下的态度去礼遇小国，就能取得小国的依附；小国也以谦下的态度去礼遇大国，就能取得依附于这个大国。就这样，有的以谦下取得小国的依附，有的以谦下而取得对大国的依附。大国不过是为了合并得到更多的士民，而小国也不过是想去侍奉人。这样双方各自达到了他们的愿望。在这一关系中大国比小国更应保持谦下。

老子的这些话讲得很有道理。他没有主张大国的强权政治或大国对小国的兼并，而是主张各自以谦下的态度去礼遇对方。这和我们今天倡导的处理国际关系的准则是非常契合的，这也是老子“天之道，利而不害；圣人之道，为而不争”（第八十一章）的思想在处理外交事务中的体现。下面让我们再作些分析。

“大国者下流，天下之牝，天下之交。”老子在这里把大国比作江、河的下游，因其位势低下，所以是各条支流会聚的地方，意即大国应以谦下的态度包容各国的依附；老子也把大国比作天下的母性动物，因其特有的慈爱、温柔和静穆之德而吸引弱小动物的依附，意即大国应有这种母爱之德，去保护弱小国家。正是由于以上两个道理，大国就成了“天下之交”，即成了天下士民交会的地方。这样就为大、小国家“各得其所欲”的外交主张作了铺垫。

“牝常以静胜牡，以其静，故宜为下。”母性动物的特点是温柔、静穆和体现在弱小动物身上的慈爱之德，所以由此所产生的亲和力，总是能够胜过惯于争斗的雄性动物。正是因为这种温柔、静穆的天然德性，所以也总使它自然合适地处于卑下的地位。老子的这些话是在隐喻大国应该像静穆卑下的母性动物那样取得小国的依附，不要像好争好斗的雄性动物那样让人望而生畏。

“故大国以下小国，则取小国；小国以下大国，则取于大国。

故或下以取，或下而取。”这些话的意思我在前面已经作了翻译，句中的“下”有谦下的意思，都作动词用，即大、小国家各以谦下的态度去礼遇对方，以取得互相依附。可见小国和大国的关系就是依附和被依附的关系，一个愿意依附，一个愿意被依附。

“大国不过欲兼畜人，小国不过欲入事人。夫两者各得其所欲，大者宜为下。”大国取得小国的依附，不过是为了兼得更多的士民，而小国希望依附于大国，也不过是想去侍奉大国，得到大国的保护。这样大小国家各有所图，各有所得；利益互补，合作共赢。这就是“两者各得其所欲”。老子认为，在小国和大国的这种依附和被依附的关系中，“大者宜为下”，即大国比小国更应谦下。因为大国处于主导地位。

如何处理大国和小国的关系，发展中国家和发达国家的关系，等等，都是我们今天处理国际关系问题的重大课题。老子主张的不以大欺小，不以强凌弱的平等互利，和平共处，合作共赢，“各得其所欲”的思想仍然是我们今天处理国际关系问题的指导思想。

第六十二章

道者万物之奥[1]，善人之宝，不善人之所保[2]。

美言可以市[3]，尊行可以加人[4]。人之不善，何弃之有？故立天子，置三公[5]，虽有拱璧以先驷马[6]，不如坐进[7]此道。古之所以贵此道者何？不曰“求以得，有罪以免”邪？故为天下贵。

注释

①**奥**：奥藏，深藏。 ②**保**：守护的意思。 ③**市**：交易，买卖。 ④**加人**：见重于人。 ⑤**三公**：通常指天子以下的三位重臣，即太师、太傅、太保。 ⑥**拱璧以先驷马**：进献玉璧以先于由四匹马驾的车。拱：两手在胸前相合，表示恭敬，这里有进献的意思。 ⑦**进**：进献。

解读

老子认为道是天下最珍贵的。为什么呢？他这样说——

道是万物奥藏之所，是美善之人的宝物，也是品行不端之人所守护的。

美善的言语可以促进人们的友好交往，尊贵的品行会受到他人的敬重。人品行不端，有什么可以抛弃的呢？所以拥立天子，设置三公，即使进献玉璧以先于驷马，还不如坐而进献这个道。自古以来人们之所以看重这个道是为什么？不是说“有求必有所得，有罪可以免其祸”吗？所以道是天下最珍贵的了。

老子的有些话似乎不好理解，下面再让我们慢慢分析。

“道者万物之奥，善人之宝，不善人之所保。”这话的意思我在前面已经说了。为什么道是天下最珍贵的呢？因为道是万物奥藏之所。“奥”，指的是隐蔽、机密的地方，如“往来禁奥”（《三国志·魏书·董昭传》）。句中指的是深藏、庇护之所。道，这个万物奥藏之所，它既庇护“善人”，也庇护“不善人”。为什么庇护不善人？这是由道的“玄德”决定的，它包容万物，超越贵贱，也超越善恶。“善者吾善之，不善者吾亦善之”，“信者吾信之，不信者吾亦信之”（第四十九章）。老子还在第二十七章中说“圣人常救人，故无弃人”，因此才有本章后面的“人之不善，何弃之有”之说。道的这种“玄德”，正是道之所以为道者。正是因为这样，道就成了“善人之宝，不善人之所保”。句中的“保”，词性与“宝”不同，作动词用，有守护的意思。所谓“不善人之所保”，即不善之人所时时守护的。

“美言可以市，尊行可以加人。人之不善，何弃之有？”这话有的地方很难理解，我们还得从两个关键的字开始。一是“市”，它有买卖、交易的意思，如“沽酒市脯不食”（《论语·乡党》），又如“弦高将市于周”（《左传·僖公三十三年》）。在这里，可以引伸为交往、交际。所谓“美言可以市”，即美善的言语可以促进人们的友好交往。二是“加”，即增加，句中则有见重的意思，所谓“加人”，即见重于人，受到他人的敬重或尊重。这样，前两句话的意思用现代汉语来表达就是：美善的言语可以促进人们的友好交往，尊贵的品行会受到他人的敬重。这就是“美言”、“尊行”所产生的道德影响。而“美言”、“尊行”是人人都可以做到的，当然也包括品行不端的人。只要人人说“美言”，行“尊行”，那么整个人间就会充满美好，从而促使“不善人”潜移默化，弃恶从善，改邪归正。所以老子说：“人之不善，何弃之有？”这就是道所产生的作用。这就进一步说明了道是“善人之宝，不善人之所保”。

“故立天子，置三公，虽有拱璧以先驷马，不如坐进此道。”“天子”乃天下之至尊，“三公”乃人臣之至贵，遂能坐享玉璧、驷马之贡。“拱璧以先驷马”，即进献玉璧以先于由四匹马拉的车。这个“拱”，是向君王进献物品时表示恭敬的一个肢体动作，这就是说，它是一个动词，有进献的意思。但有的人把“拱璧”理解为“中间有孔的圆形之玉”，或说成什么“大玉”。似乎把这个“拱”字当作形容词来理解。我以为这些解释都是有失偏颇的。所谓“坐进此道”，即坐而进献这个道。这样整句话的意思就是：所以拥立天子，设置三公，即使进献玉璧以先于由四匹马拉的车，还不如坐而进献这个道。因为玉璧、驷马虽然贵重，但其价值可估，而且有限，道虽是“无状之状、无物之象”（第十四章），却价值无限。

“古之所以贵此道者何？不曰‘求以得，有罪以免’邪？故为天下贵。”它的意思我一开始就已经说了。句中的“有罪以免”似乎不好理解。其实免的不是罪，而是由其罪引起的祸。有罪之人求于道，说明有悔过自新之意，故可以轻其祸，或免其祸，如同现代社会有罪之人的投案自首，坦白交代，法律自然有从宽处罚条款。这就是“有罪以免”。所以道是“不善人之所保”。

由此说来，首句“道者万物之奥，善人之宝，不善人之所保”

在全章起着总提的作用。全章娓娓道来，道“为天下贵”也就自然成其理了。道化育万物，荫庇众生，有佛陀之慈悲，也有上帝之博爱，所以道是天下最珍贵的。显然，这是道家慈爱思想的体现。

第六十三章

为无为，事无事，味无味。大小多少[①]，报怨以德。图[②]难于其易，为大于其细。天下难事，必作于易；天下大事，必作于细。是以圣人终不为大，故能成其大。

夫轻诺[③]必寡信，多易必多难。是以圣人犹难之[④]，故终无难矣。

注释

①大小多少：把小事情当作大事情来做，把少事当作多事来考虑。**②图**：谋划。 **③诺**：答应，同意。 **④难之**：即以之为难。

解读

如何正确认识和处理大与小、难与易的关系，是每一个人都会碰到的生活课题，让我们听听老子是怎么说的。他说——

应该为无为之为，从事无事之事，品尝无味之味。要把小问题当作大问题来处理，少事当作多事来考虑，用恩德去报答怨仇。谋划困难的事从容易的做起，干大事先从细小的做起。天下难事，必起于容易；天下大事，必发于细微。正是因为这样，圣人始终不自以为大，所以才成就了他的大。

轻率的允诺，必然会缺少信用；把事情看得太容易，必然会遇上更多的麻烦。正因为这样，圣人尚且把事情看得很困难，所以最终也就没有困难了。

老子讲的这些话事理通达，令人心气和平。他那种辩证的思维品质在许多章中都有不同程度的体现，它是老子思想中最宝贵的部分。现在就让我们顺着他的思想，再去好好体会那些道理吧。

“为无为，事无事，味无味。”这是处理天下大事、难事必须具有的思想基础和大德涵养。没有这样的思想基础和大德涵养，任何大事、难事都干不成，办不了。

“为无为”。——无为的思想基础是无欲。只有无私、无欲，才不致大作大为，才会根据主、客观条件的许可，顺德而行，自然而为。

“事无事”。——不无事生事，不改变，不破坏原来和谐的局面和自然、合理的环境，而是做瓜熟蒂落，水到渠成之事。

“味无味”。——秉持“淡乎其无味”（第三十五章）的大道品性，颐养清静淡泊的人生，静观世事的自然之变。

“大小多少，报怨以德。”这是处理天下大事、难事的基本精神和原则。缺乏这个基本的精神和原则，任何大事、难事也同样干不成，办不了。这里涉及三个问题。

第一，要“大小”。即要把小事情、小问题当作大事情、大问题来思考，来处理。因为小事情、小问题如果疏忽，容易酿成大事情、大问题，因此要防范于未然。句中的“大”作动词用。

第二，要“多少”。即要把少事当作多事来考虑。因为世间的事物是错综复杂的，一件事情往往会引发诸多其他事情，要把事情、问题想得多一些，复杂一些。要深思熟虑，谨慎行事。句中的“多”作动词用。

第三,要“报怨以德”。这就有别于孔子的“以直报怨”。在《论语·宪问》中讲到,有人问孔子:“以德报怨如何?”孔子回答说:“何以报德?以直报怨,以德报德。”就是说应该以正直无私回报怨仇,以恩德回报恩德。老子“报怨以德”的思想,反映了他宽容济世的精神,也是对世俗正义和道德价值的超越。讲到这里,我们自然会想起南非前总统曼德拉。曼德拉曾因反对南非的种族隔离制度而遭当局的监禁。他出狱执政以后,废除了非人道的种族隔离制度,而且对他的政敌给予了宽容,实现了各族群的和解。曼德拉的这种超乎世俗的道德风范也因此赢得了南非、整个非洲大陆乃至全世界人民的尊敬和爱戴。

“图难于其易,为大于其细。天下难事,必作于易;天下大事,必作于细。”句中的“图”有谋划的意思。这些话很好懂,也很好理解,后两句诠释了前一句,使前一句话的意思更加明确。可见人们不能鄙视易事、小事,特别是事关全局的事。荀子说:“无惛惛之事者,无赫赫之功。”(《荀子·劝学》)人们也常说:一室不扫,何以扫天下?都说明了这个道理。

“是以圣人终不为大,故能成其大。”圣人总是从容易做的事做起,从小事做起,甚至从人家不愿干的事干起。他始终不自以为尊,不自以为大,所以反而使他赢得了民心,成就了他的大事业。这就是事物的辩证法。

“夫轻诺必寡信,多易必多难。是以圣人犹难之,故终无难矣。”未经慎重考虑,轻率地允诺,不当一回事,故“必寡信”,必然缺少信用。把事情看得太容易了,一旦碰到意想不到的问题就会猝不及防,进退失据,手足无措。那时,麻烦的事、困难的事就会更多。而圣人就不同了,他总是把困难想得多一些,应对的措施更周全一些。在世人看来是普通的事，“圣人犹难之”，即圣人尚且对此感到困难，所以最终也就没有困难了。

老子对大事、小事，难事、易事的辩证的思维方法，就是在今天仍然焕发着熠熠的思想光辉。他的那些话，句句都是真言、信言，特别是那句“圣人终不为大，故能成其大”的话，必能扣动每一位读者的心弦。

第六十四章

其安易持[1]，其未兆[2]易谋，其脆易泮[3]，其微易散。为之于未有，治之于未乱。合抱之木，生于毫末；九层之台，起于累土；千里之行，始于足下。

为者败之，执[4]者失之。是以圣人无为，故无败；无执，故无失。民之从事，常于几成而败之。慎终如始，则无败事。是以圣人欲不欲，不贵难得之货；学不学，复[5]众人之所过。以辅万物之自然而不敢为。

注释

①**持**：掌控。　②**兆**：开始，征兆。　③**泮**（pàn）：松散。可以引伸为粉碎。　④**执**：把持，操控。　⑤**复**：回复，返回。这里可以引伸为弥补，补救。

解读

这是前一章思想的继续和发挥。冰冻三尺非一日之寒。许多乱事、难事、凶事，都始于治，发于易，起于微，因此要防范于未然。老子他这样说——

安定的局面往往容易掌控，未露端倪的事往往容易谋划，松脆之物往往容易粉碎，细微之物往往容易分散。所以处理问题应该在尚未出现麻烦的时候，国家的治理应该在祸乱尚未形成的时候。因为合抱的树木，长自细弱的萌芽；九层的高台，起于筐土的堆积；千里的远行，始于脚步的累积。

有所作为的会有所失败，有所操控的会有所失去。正是因为这样，圣人总是不有意而为，所以也就无所谓失败；没有操控不放，所以也就无所谓失去。人们做事常常在接近成功的时候失败了。谨慎地对待事情的终结如同开始一样，那就不会有失败。圣人总是想众人所不想要的，因此不去看重难得的货物；学众人所不曾学的，以弥补大家在学习上的过失。圣人就是这样，以辅助万物自然而为，而不敢自己有所作为。

全章似乎有两个议论的中心，一是告诫世人，对于不祥之事要见微知著，防范于未然，二是主张“无为”，“无执”，“欲不欲”，“学不学”。我们先来看第一个议论中心。

“其安易持，其未兆易谋，其脆易泮，其微易散。”这些话的意思我在前面已经说了，句中的四个“其”字都是语气词，所以我在翻译时用了“往往”两字，以示揣测之意。老子的这些话以事寓理，隐含着对有可能酿成烦、难、凶、恶的不祥之事，应在尚未形成气候的时候，就及早瓦解它，粉碎它。“泮”，有分开之意，如“自天地剖泮，未始有也”(《史记·郦生陆贾列传》)，句中则有粉碎的意思。

“为之于未有，治之于未乱。”这是基于“其脆易泮，其微易散”的道理得出的结论。告诫我们事情的谋划，国家的治理，应该在政局稳定，政治安定，尚未有乱象出现的时候，就要有防范，有对策，因为“未兆易谋”。

“合抱之木，生于毫末；九层之台，起于累土；千里之行，始于足下。”老子的这些话深入浅出，意涵丰富。人们对于这些话已经耳熟能详，对它的理解也往往都是正面的。但老子在这里说的恰恰是负面的，意即冰冻三尺非一日之寒，任何乱事、难事、凶事、恶事，都“生于毫末”、“起于累土”、“始于足下”，是日积月累，慢慢酝酿而成的。因此，老子认为对于任何不祥之事都应该在一开始的时候，因其力量弱小，“其脆易泮，其微易散”，就及早摧毁它，如果已成“合抱之木”、“九层之台”、“千里之行”，处理起来就比较麻烦，所以一定要掐于“毫末”，毁其“累土”，止于“足下”，不能顺其自然，让其自由发展，否则会无法收拾。其实，任何乱事、凶事都是有先兆的。础润而雨，月晕而风。“事有必至，理有固然，唯天下之静者，乃能见微而知著”（苏洵《辨奸论》）。

这里需要指出的是，有些人将老子前面说的三句话理解为正面的事物，而且认为句义与《荀子·劝学》中所说的“积土成山”相近。那就有失偏颇了。

下面我们再来看第二个议论的中心。

“为者败之，执者失之。是以圣人无为，故无败；无执，故无失。”其实，“为”和“败”、“执”和“失”都是相对的。有所作为必然会有所失败，有所操控必然会有所失去。圣人处事既不有意而为，也不有意操控，所以也就无所谓败，也无所谓失。圣人为什么能够做到那样呢？那是因为圣人认识到世间事物是复杂的，是在不断发展变化的，而道也永远随着这个变化的事物而变化，因此你不能有意而为，也不能永远地操控不放，这也正如《韩非子·解老》所云：“万物各异理，而道尽稽万物之理，故不得不化。不得不化，故无常操”。如果企图“常操”，则或许会适得其反。

“民之从事，常于几成而败之。慎终如始，则无败事。”这些话的意思很好懂。句中的“几”有接近、将近的意思，如贾谊《论积贮疏》：“汉之为汉，几四十年矣”。人们做事，常常在接近成功的时候就失败了，为什么会功亏一篑呢？因为这些人们陶醉于已经取得的成功或胜利的喜悦之中，他们对于自身存在的“毫末”之事，“累土”之变，“足下”之行，没有引起足够的重视，以致前功尽弃，甚至连回旋的余地也没有。说到这里，最令人感叹唏嘘的是明末的闯王李自成了。有兴趣的读者可以参看郭沫若的《甲申三百年祭》。叱咤风云的英雄如此，“民之从事”又何尝不是这样呢？圣人就不是这样了，他无私无欲，“慎终如始”，所以也就没有败事。

“是以圣人欲不欲，不贵难得之货；学不学，复众人之所过。以辅万物之自然而不敢为。”这就是圣人和世人的不同之处。圣人想要的正是大家所不想要的，因此他不会去看重难得的货物；圣人学的也是大家所不曾学的，因为他不从书上学，也不从师学，而是向天地万事万物学，即读无字之书，从万事万物的自然演化中领悟立身、行事、处世的真实道理。这样，就弥补了大家在学习上的过失。本章前面说的“合抱之木，生于毫末；九层之台，起于累土；千里之行，始于足下”这些话，并由此得出的道理，正是因为他“学不学，复众人之所过”，是由事物在自然演化过程中得到的启发。圣人就是这样因循自然，顺德而行，无为而为，辅助万物使之形成和谐的自然状态而不敢自己有所作为。句中的“复”，同“返”，有返回的意思，这里可以引伸为弥补、补救。

在这里，同样需要指出的是，有些人把老子前面说的“不欲”理解为无欲；把“不学”混同“绝学”，甚至“无知无识”，把“过”理解为“离道失本”；等等。所有这些都是十分牵强甚至是十分荒谬的。由此也说明，他们对本章的旨意没有完全领会。那么，本章的旨意究竟何在呢？我们不妨将全文的思想脉络梳理一下。

全章读下来，从表面上看似乎有两个议论中心。其实，这两个中心是互相联系的，是一个思想连贯的统一整体。老子认为，国家安定的政治局面往往容易掌控，因此要“为之于未有，治之于未乱”，防患于未然。对于有可能酿成不祥的事，应掐之于“毫末”，毁之于“累土”，止之于“足下”，这样就不费吹灰之力，是一种自然、无为的行为，是合乎道的。如果原来不祥的“毫末”之事，“累土”之变，“足下”之行，已成“合抱之木”，“九层之台”，“千里之行”，那必然会大作大为，以掌控局势。这样就会“为者败之，执者失之”。本来就可以用无为的方式来解决的问题发展到大作大为，这就是世人的愚昧和无知。圣人就不是这样了。圣人之所以具有无为而为的智慧，那是因为他“欲不欲”、“学不学”，读无字之书，从万事万物的自然演化中领悟为人、处事的道理，所以他总是辅助万物使之形成和谐自然的状态而不敢自己有所作为。——这就是哲人的智慧，也是本章的旨意所在。

第六十五章

古之善为道者，非以明[①]民，将以愚[②]之。民之难治，以其智[③]多。故以智治国，国之贼[④]；不以智治国，国之福。知此两者亦稽式[⑤]。常知稽式，是谓玄德。玄德深矣，远矣，与物反[⑥]矣，然后乃至大顺。

注释

①明：精明。 **②愚**：诚实。 **③智**：智巧，刁钻。 **④贼**：祸害。 **⑤稽式**：相互契合的准则。稽：相合。式：样式，准则。 **⑥反**：同“返”，有回归之意。

解读

老子主张以诚实、信用来治理国家。他说——

古代善于以道治国的人，不是让人变得精明，而是将让人变得诚实。民之所以难治，就是因为他们好于智巧、刁钻。所以，以智巧来治理国家，是国家的祸害；不以智巧来治理国家，是国家的福祉。须知这两条也是互相契合的治国准则。永远懂得并秉持这两条互相契合的准则，才称得上是玄妙之德。这个玄妙之德深奥而又悠远，与万物一起回归于大道，从而使天下达到安定、泰顺。

全章文字不多，但有些话似乎不好理解，还得慢慢研读。

“古之善为道者，非以明民，将以愚之。”这开宗明义的一句话，让人觉得似乎老子是在主张愚民政治。其实不然。要读懂这句话，这里有两个字必须好好琢磨。一是“明”，它有精明、刁钻，好于算计、投机的意思，即是贬义的。二是“愚”，句中有诚实的意思，它没有愚蠢、愚昧之意，倒有淳朴厚道、诚实信用、遵纪守法的含义。这就是说它是褒义的。读懂了这两个字以后，整句话的意思就明确了：古代善于以道治国的人，不是让人变得投机刁钻，而是将让人变得诚实信用。为什么要这样呢？请看以下论述。

“民之难治，以其智多。”这个“智”和前一句的“明”意思相近，是贬义的，它不是聪明，有智慧，而是有智巧、刁钻和投机取巧的含义。民之所以难治，就是因为他们好于刁钻，惯于投机取巧。就是在现代社会，法律公布了以后，还得有司法解释，来弥补法律条文的漏洞，也说明了这个道理。

“故以智治国，国之贼；不以智治国，国之福。知此两者亦稽式。”民的“智”那么多，靠玩弄权术，以智斗智，以巧斗巧来治理国家，只会使国家陷于混乱，故为“国之贼”。所谓“不以智治国”，即“以正治国”（第五十七章），以正道、正规之常理去治理国家，靠人的诚实、信用去治理国家，国家才会安定，故为“国之福”。这就是老子在前面说的“非以明民，将以愚之”的主要原因。老子把这一反一正的原则，作为两条互相契合的治国准则。“知此两者亦稽式。”用现代汉语来表达就是：须知这两条也是互相契合的准则。（其实，第五十七章所说的“以正治国，以奇用兵，以无事取天下”也是治国的准则。）“稽”有相合的意思，如“道者，万物之所然也，万理之所稽也”（《韩非子·解老》）。“式”有样式，楷模的意思，句中可以理解为准则。

“常知稽式，是谓玄德。玄德深矣，远矣，与物反矣，然后乃至大顺。”这些话不好理解，我们先来看几个关键的字。一是“知”，这个“知”在这里除了知道、懂得的意思外，还有秉持、主持的意思，如“子产其将知政矣”（《左传·襄公二十六年》），因此在句中可以译为秉持。二是“反”，同返，句中有回归之意。三是“顺”，即与道相合，有顺达、顺畅之意。所谓“大顺”，就是天下安定、泰顺，即大治。因此全句的意思就是：永远懂得并秉持“以智治国，国之贼；不以智治国，国之福”这两条互相契合的治国准则，才称得上是玄妙之德。这玄妙之德深奥而又悠远，与万物同归于大道，从而使天下达到安定、泰顺。

读完全章，我们明白了老子强调的是要以诚实信用来治理国家。为什么呢？因为“民之难治，以其智多”，你根本对付不了，只有让人诚实信用，遵纪守法，才是国家安定的根本之策。所以诚实信用，遵纪守法，不仅应该成为民之德，也应该成为国之德。由此可见，老子关于“非以明民，将以愚之”的主张包含着以德治国的基本思想，因为正如孔子所说，“为政以德，譬如北辰，居其所而众星共之”（《论语·为政》），天下才能达到“大顺”。何谓“大顺”？“男耕而食，女织而衣。刑政不用而治，兵甲不起而王。”（《商君书·画策篇》）这或许就是老子说的“大顺”。

第六十六章

江海所以能为百谷[①]王者，以其善下之，故能为百谷王。是以圣人欲上民[②]，必以言下之；欲先民[③]，必以身后之。是以处上而民不重，处前而民不害。是以天下乐推而不厌[④]。以其不争，故天下莫能与之争。

注释

①谷：两山之间的水道或夹道。这里指的是河谷。　**②上民**：居于民众之上。　**③先民**：位于民众之前。　**④推而不厌**：不断地推戴。推：推崇，推戴。厌：满足。

解读

圣人之治天下，如江海之纳百川，能处下居后，故民不与争。所以老子他这样说——

江河湖海之所以能成为百川之王，这是因为它们善处于百川之下，位势低下的地方，（所以能成为百谷之王）。正是因为这个道理，想居于百姓之上，就一定要以言辞表示谦下；想位于百姓之前，就一定要把自身的利益置于百姓之后。所以圣人虽处于上位，但百姓并不觉得对他们有什么威压；虽位于前面，但百姓并不感到对他们有什么损害。也因为这样，天下百姓才乐于不断地推戴他。圣人因为不与天下人相争，所以天下人也就没能和他相争了。

老子的话讲得多好啊！“以其不争，故天下莫能与之争。”我们应该永远记住这个道理。下面让我们再好好品读老子的那些话。

“江海所以能为百谷王者，以其善下之，故能为百谷王。”老子善于以天地万物的自然形态来阐发一个深刻的道理，这在前面我们已经接触得很多了。在这里，老子以江河湖海因其位势低下而纳百川以为王，来说明为人如果要享人之尊，就应该有谦下之心。这就为以下的议论作了铺垫。句中的“谷”,即山间的流水道。小的为溪，大的为谷。因此“谷”，指的就是河谷，“百谷”可以理解为百川。

“是以圣人欲上民，必以言下之；欲先民，必以身后之。”基于以上道理，如果想位于百姓之上，治国安民，居人之尊，那就必须以言辞表示谦下；想处于百姓之前，领导百姓，那就必须将自己的利益置于百姓之后。这是第七章“后其身而身先，外其身而身存”，以其无私，故能成其私思想的进一步发挥。这与其说是人的一种品德涵养，更不如说是人的一种智慧。

“是以处上而民不重，处前而民不害。是以天下乐推而不厌。”因为圣人具有“以言下之”，“以身后之”的品德涵养，所以他虽处于上位，但下面的百姓并没有感到有什么威压；虽位于前面，但后面的百姓并没有觉得对他们有什么损害。这样，天下的百姓自然会不断地乐于推戴他。他的民望，他的领导地位就这样自然形成了。句中的“重”有威压之意，因为君在上，民在下。“厌”有满足的意思，如“学而不厌”(《论语·述而》)。所谓“乐推而不厌”，即乐于不断地推戴他。从老子的那些话中，自然会让我们体悟到，圣人的“上”和“先”都是以不给百姓造成威压和损害为前提的，因为天下百姓的利益高于一切。这在一定程度上反映了他“民为贵”的思想，这和儒家的思想是一致的。当然，这同样也是为人的一种智慧。

“以其不争，故天下莫能与之争。”这是全章的总结，也是老子留给世人的箴言。类似这样的话，老子在第二十二章也曾经说过，足见谦下、不争，对一个人的品德涵养是何等的重要，尤其是对一个领导者来说。

老子在这章中讲的那些话，大都是对天下侯王讲的，其实为官为民又何尝不是这样呢？一切有人生抱负的青年才俊，每一个治国理政为人民服务的人，都应该像江河湖海那样“善下之”，并“以言下之”、“以身后之”，使“处上而民不重，处前而民不害”。只有这样，人民才会拥戴你，从而使你处于“天下莫能与之争”的尊贵地位。

第六十七章

天下皆谓我道大，似不肖[1]。夫唯大，故似不肖。若肖，久矣其细也夫！

我有三宝，持而保之[2]：一曰慈[3]，二曰俭[4]，三曰不敢为天下先。慈，故能勇；俭，故能广[5]；不敢为天下先，故能成器长。今舍慈且勇，舍俭且广，舍后且先，死矣！

夫慈，以战则胜，以守则固。天将救之，以慈卫之。

注释

①**肖**：像。　②**持而保之**：持有而守护着它。保：守护。　③**慈**：慈爱。　④**俭**：约束，收敛。　⑤**广**：大，指志向宏大。

解读

道，虚空无极，无法比拟；道，德性玄妙，俗人莫解。但得道圣人持有“三宝”，世人可仿可效。老子他这样说——

天下人都认为我说的道很大，似乎什么都不像。正是因为很大，所以什么都不像，如果像一个什么东西，那就早已经很渺小了！

我有三件宝物，一直持有而且守护着它：一是心怀慈爱；二是自我约束，不任性；三是不敢成为天下人之先。因为心怀慈爱，所以才有勇气和胆量；因为有约束，不任性，不放纵，所以才称得上有远大的志向；因为不敢成为天下人之先，所以能像已成的器物一样经久耐用。如果抛弃慈爱之心竟然还去逞强逞勇，解除自我约束竟然还去谋求自己的大志，放弃退居人后的处世准则竟然还去抢先争优，那是死路一条。

有了慈爱之心，战则可以胜，守则可以固。上天也将会救助他，并以慈爱来护卫他。

按其意，我把全章编辑为三个自然段，现在让我们逐一予以分析和解读。

我们先来看第一自然段。

“天下皆谓我道大，似不肖。夫唯大，故似不肖。若肖，久矣其细也夫！”这些话并不难懂。句中关键的字是“肖”，它有像的意思,如“我依月灯出,相肖两奇绝”(苏轼《影答诗》)。“似不肖”，即似乎什么都不像。“若肖，久矣其细也夫”，即如果像一个什么东西，那就早已经很渺小了！道隐无名，超乎形象，所以才有这里的“不肖”之说;道大无形,超乎万物,所以才有“若肖，久矣其细也夫”的感叹。道的玄妙就在于：一是超乎形象，二是超乎万物。

我们再来看第二自然段，这是一个中心段落。

“我有三宝，持而保之:一曰慈，二曰俭，三曰不敢为天下先。”

“三宝”中的第一宝是“慈”。即怀有慈爱之心。老子在第二十七章中说:“圣人常善救人，故无弃人。”第六十二章也说:“人之不善，何弃之有？”在第四十九章中还说:“善者吾善之，不善者吾亦善之”，“信者吾信之，不信者吾亦信之”。所有这些都是道家慈爱思想的体现，当然也是道的精神的体现。从这里我们可以看出道家的“慈”和儒家的“仁”有相通之处，两家最终同归于一个“爱”，即慈爱和仁爱。

“三宝”中的第二宝是“俭”。这个“俭”不是节俭，而是约束、收敛，它有不任性、不放纵的意思，如“晋公子广而俭，文而有礼”（《左传·僖公二十三年》），又如“夫子温、良、恭、俭、让以得之”（《论语·学而》）。这两处的“俭”都有约束、收敛之意。“俭”，是一个人涵养深浅、品位高低的重要标志，也是事业成就的重要条件。哪有口无遮拦，行无顾忌的狂妄之徒能够成就大事业的？有必要指出的是，好多人都把这个“俭”理解为“节俭”，“俭约”，“俭啬”等等，都是十分错误的。这样的理解也与后面的“舍俭且广”的意思不符，因为“俭”和“广”是对立的统一。由于对“俭”的错误理解，导致了对“广”的解释也千奇百怪。

“三宝”中的第三宝是“不敢为天下先”。俚语有云：出头椽子先烂。谁好出风头，好标新立异，好自我表现，最早倒霉的必定是他。老子一贯主张谦下、退让，自处柔弱，不去逞能示强，这在一定程度上都体现了“不敢为天下先”的思想，如果反其道而行之，敢为天下先，则必然成为众矢之的，最终成为先烂的“出头椽子”，最早遭到枪杀的“出头鸟”。——毫无疑问，这是道家明哲保身思想的集中反映。

那么“慈”、“俭”和“不敢为天下先”为什么可以称得上是人生“三宝”呢？下面请继续听老子说的。

“慈，故能勇；俭，故能广；不敢为天下先，故能成器长。”这些话都是辩证的统一。

日常生活中常常会遇到这样的情景：要是有谁去捉弄母性动物哺育的幼仔，必然会遭到该母性动物的猛力攻击。这是母性动物的慈爱所致。动物如此，为人也是这样。慈爱越深，勇气越强，胆量越大。君王爱民如子，其勇气和胆量也就无敌。——这就是“慈，故能勇”。

为人能够自我约束，不任性，不放纵，有原则，有边界，有底线，不肆无忌惮，这才真正意味着他有远大的志向和抱负。——这就是“俭，故能广”。这个“广”有大或宏大的意思，如“君子贫穷而志广”(《荀子·修身》)。因此句中的“广”，指的是志广，即有干大事的志向和抱负，而不是有的人所理解的知识广博。一个谨言慎行、心存敬畏的人，才会“方而不割，廉而不刿，直而不肆，光而不耀”（第五十八章）。当然也只有这样的人，才是胸有大志，能够成就大事业的人。

不去标新立异，不去出风头，不做“出头椽子”，不做“出头鸟”，那就不会招致他人的诋毁和攻讦，因此能够福泽绵长，就像已成的器物一样不致毁损而经久耐用。——这就是“不敢为天下先，故能成器长”。在这里，当然也同样需要指出，有的人将“成器长”解释为“成为造就万物的首长”。这实在让人啼笑皆非，百思不得其解！

这“三宝”中有许多合理的因素，但也不免有保守的成分。在老子的那些话中，“慈”和“勇”，“俭”和“广”，“不敢为天下先”和“成器长”，都是辩证的统一。世间的事物就是这样，既对立又统一，从而使事物得以和谐、圆满而永恒。

“今舍慈且勇，舍俭且广，舍后且先，死矣！”读懂了前面那些话以后，这些话的意思就迎刃而解了。“舍慈且勇”是无视生灵的独夫之勇，是违天逆道的“强梁”之勇，其结果必然成为孤家寡人。“舍俭且广”就是放纵、任性，胡作妄为，肆无忌惮，这种“广”是一种狂妄之广；“舍后且先”就是好出风头，逞能示强，不肯甘居人后，这就犹如出头之椽，露头之鸟。所有这些都是致死之道，因为这些行为都是不合乎道的，“不道早已”（第五十五章）。句中的“且”有尚且，竟然的意思。

接下来我们再来看最后一个自然段。

“夫慈，以战则胜，以守则固。天将救之，以慈卫之。”兵法有云：“视卒如婴儿，故可与之赴深溪；视卒如爱子，故可与之俱死。”（《孙子兵法·地形》）以慈爱之心驭众，则众志成城，战无不胜，守无不固，甚至上天都会救助他，护卫他。这就是慈爱所产生的力量和效应。老子把“慈”作为“三宝”中的第一宝，而且在本章的最后再次予以强调，就是因为慈爱是道家关于道的理论的核心。道的理论的伟大，就伟大在这里，如同儒家的仁爱、基督教的博爱和佛教的慈悲一样。可见伟大的理论，伟大的宗教都是以爱作为其理论核心的。

读完全章，我们自然可以顿悟：本章开头说的道之大，不是虚玄之大，而是伟大之大。——这就是我要告诉大家的。从而使全章的思想内容浑然成为一体。

第六十八章

善为士[1]者不武，善战者不怒，善胜敌者不与[2]，善用人者为之下。是谓不争之德，是谓用人之力[3]，是谓配[4]天，古之极[5]。

注释

①**士**：武士、军士的统称。　②**不与**：不直接对付。与：对付。③**是谓用人之力**：此句帛书甲、乙本为“是谓用人”。　④**配**：匹配。⑤**极**：极致。

解读

兵法有云：“不战而屈人之兵，善之善者也。”(《孙子兵法·谋攻》老子在这章中讲的就是这种“不争之德”，他这样说——

善于武道的不表现勇武，善于争战的不轻易发怒，善于取胜的不与人直接对抗，善于用人的甘居人之下。这就是不争的品德，这就是利用他人之力，这可以称得上与天道相匹配，这自古就是争战、用人的极致。

老子的话不多，但从他的这些话中，我们可以知道作战用兵在于用人，取胜的上德在于不争。下面让我们再作些分析。

“善为士者不武”。句中的这个“士”，是武士、军士的统称，当然也包括将帅，如汉高祖的《大风歌》：“安得猛士兮守四方”。因此所谓“善为士者”，就是善于武道的人。说到“善为士者不武”，这很使我想起汉初的大将韩信的事来。韩信年轻时寄人篱下，因此人家大都讨厌他。一个年轻的屠夫曾经当众侮辱身带刀剑的韩信：“看你那副模样，好像很有本事，其实你的内心很胆怯。你想死，就过来；不想死，就从我的胯下爬过！”韩信看了他一眼，就从他的胯下爬了过去。市人皆大笑，举手揶揄之。韩信遂有胯下之辱。这位后来的汉朝开国大将军当时之所以选择从屠夫胯下爬过，那是因为他不想表现自己的勇武，也不想与普通世人相争。

“善战者不怒”。在秦末的楚汉争霸中，楚王项羽大破汉军于彭城东之睢水，并取汉王刘邦的父母妻子，置于军中以为人质，威胁刘邦说：“我烹了你父亲！”刘邦调侃说：“那就请你分我一瓢羹。”你看，刘邦非但没怒，还把这事说得那么轻松。可见，主帅韬略宏远，谋虑精深，是不可能发怒的，也不是容易被激怒的，即使战争失利，也处变不惊，指挥若定。主帅易怒，容易被敌方利用，因为怒容易丧失理智。

“善胜敌者不与”。这个“与”有对付的意思，如“庞煖易与耳”（《史记·燕召公世家》）。“不与”即不与敌方直接交战。《孙子兵法·谋攻》有云：“百战百胜，非善之善者也。”又说：“善用兵者，屈人之兵，而非战也。”可见，一个善于战胜敌人的人是无须与敌方直接交战的。那么，有什么妙招呢？《孙子兵法·谋攻》又云：“故上兵伐谋，其次伐交，其次伐兵，其下攻城。攻城之法为不得已。”这里不妨再举一例以飨读者。

还是楚汉争霸中的事。赵军统帅陈余不听谋士广武君李左车的建议，遂使汉大将韩信一日之内克赵二十万众，斩陈余，并以千金生俘李左车。战事结束后，韩信亲为解缚，“东乡坐，西乡对，师事之”，并问计于李左车。下面是韩信与李左车的对话，让我把原文简要摘录如下：

信问广武君曰：“仆欲北攻燕，东伐齐，何若而有功？”

广武君辞谢曰：“臣闻败军之将，不可以言勇；亡国之大夫，不可以图存。今臣败亡之虏，何足以权大事乎？”

信曰：“仆闻之，百里奚居虞而虞亡，在秦而秦霸，非愚于虞而智于秦也，用与不用，听与不听也。……以不用足下，故信得侍耳。”因固问曰：“仆委心问计，愿足下勿辞。”

……

广武君对曰：“方今为将军计，莫如按甲休兵，镇赵，抚其孤，百里之内，牛酒日至，以飨士大夫驿兵，北首燕路，而后遣辩士奉咫尺之书，暴其所长于燕，燕必不敢不听从。燕已从，使喧言者东告齐，齐必从风而服，虽有智者，亦不知为齐计矣。如是，则天下事皆可图也。兵固有先声而有实者，此之谓也。”

韩信曰：“善！”从其策，发使使燕，燕从风而靡。(《史记·淮阴侯列传》)

就这样，韩信凭辩士的咫尺之书而下燕。岂非“善胜敌者”乎？

“善胜敌者不与”的案例很多，这里不再赘述。

“善用人者为之下。”领导的关键是用人。“为之下”就是言听计从，甘愿为他服务。——无疑，这是一种高明的领导艺术。有了这种领导艺术，就能调动属下的聪明才智为我所用。刘邦在总结他得天下的原因时曾经说：“运筹帷幄之中，决胜千里之外，吾不如子房；镇国家，抚百姓，给饷馈，不绝粮道，吾不如萧何；

连百万之众，战必胜，攻必取，吾不如韩信。三者皆人杰，吾能用之，此吾所以取天下者也。项羽有一范增而不能用，此所以为我擒也。”(《汉书·高帝纪》)

“是谓不争之德，是谓用人之力，是谓配天，古之极。”前面的“四善”者:“善为士者”、“善战者”、“善胜敌者”、“善用人者”，体现的都是“不争之德”，这种不争之德是老子“无为”、“无争”思想在军事上的反映，当然更是大道精神的体现。老子在七十三章中说:“天之道，不争而善胜。”因此，“不争之德”是合乎天道的。“是谓用人之力，是谓配天”，即这就是利用他人之力，是可以和天道相匹配的，是作战、用人的一种极妙境界。“极”有极致、极妙的意思。

“不争之德”的发挥关键在于用人。取天下在得人、用人；治天下也在得人、用人（只是用人的标准有所不同而已），因为人是战争中、政治中最活的因素。

第六十九章

用兵有言：吾不敢为主而为客[①]，不敢进寸而退尺。是谓行无行[②]，攘[③]无臂，执[④]无兵，扔无敌[⑤]。祸莫大于无敌[⑥]，无敌几[⑦]丧吾宝。故抗兵相若[⑧]，哀者胜矣。

注释

①不敢为主而为客：不敢挑起战争而宁可积极奉陪。主：这里有挑衅、侵略的意思。客：有奉陪之意。 **②行无行**：布下了无阵之阵。行（读 háng），即行阵。 **③攘**：挽起。 **④执**：握，持。这里有率领的意思。 **⑤扔无敌**：所向披靡无敌。按：帛书甲本为“乃无敌矣”。 **⑥无敌**：此句有些传世本为“轻敌”。 **⑦几**：接近，差不多。 **⑧抗兵相若**：两军对垒，兵力相当。抗：对抗，对垒。若：相当，差不多。

解读

这是老子继前一章之后，继续他的谈兵论道，他说——

古代用兵的人曾经有过箴言：我不敢主动挑起战争而宁可积极奉陪，不敢进攻一寸而宁可退让一尺。这就布下了无阵之阵，挽起了无臂之臂，率领着无兵之兵，就能所向披靡无敌。祸莫大于逞强无敌，逞强无敌几乎让我丧失三件宝物。所以两军对垒，兵力相当，哀兵必胜。

老子的那些话意思很明确，那就是战争在道义上必须是正当的。

“用兵有言：吾不敢为主而为客，不敢进寸而退尺。”老子运用古代兵家的箴言，说明战争必须有道义上的正当性。无端挑起的不义之战，首先就丧失了道义，而“不敢为主而为客，不敢进寸而退尺”，虽在行为上是被迫的、防御的，但在道义上已经是胜利了。这种以守为攻，以退为进，“知其雄，守其雌”（第二十八章）的被迫的、防御的、后发制人的战略指导思想，是老子一贯主张的谦下、退让、无争的处世哲学在军事上的反映。

“是谓行无行，攘无臂，执无兵，扔无敌。”道义上是正当的战争必然会赢得舆论的同情和人民的支持，这就等于布下了无阵之阵，挽起了无数看不见的抵御侵略的手臂，率领着看不见的千军万马，这样就能摧枯拉朽，所向披靡，无敌于天下。显然，反侵略的战争一旦转化为人民战争，则“以战则胜，以守则固，天将救之，以慈卫之”（第六十七章）。

在老子的那些话中有四个动词需要注意。第一“行”（读háng），即行阵。前一“行”作动词用，即布阵；后一“行”作名词用，即行阵。“行无行”，即布下了无阵之阵。第二“攘”，这里有挽起的意思，如刘伶《酒德颂》：“奋袂攘襟”。“攘无臂”，即挽起了无臂之臂。意即人民手挽着手团结一致，万众一心，抵御侵略。第三“执”，有掌握的意思，句中可以引伸为率领。“执无兵”，即率领着无兵之兵。第四“扔”，在古汉语中，特别在秦汉时期，这个“扔”没有“抛掷”、“抛弃”之义，而是有破坏、摧毁之意，如“窜伏扔轮，发作梧轊”（《后汉书·马融传》）。因此，“扔无敌”就有摧枯拉朽、所向披靡的意思。

从老子的那些话中，我们可以清楚地知道他反对不道、无义的战争，尤其反对侵略性的战争。他认为只有正义的战争才能战无不胜，守无不固。这和儒家的思想是一致的。孟子说:“得道者多助,失道者寡助。寡助之至,亲戚畔之;多助之至,天下顺之。以天下之所顺，攻亲戚之所畔，故君子有不战，战必胜矣。”(《孟子·公孙丑下》)

“祸莫大于无敌，无敌几丧吾宝。”前面已经说了，得道的、正义的战争能够所向披靡,无敌于天下。但如果自以为天下无敌，就可以为所欲为、恣意横行，那就是祸害了，所以老子说“祸莫大于无敌”。因为无敌就会使欲望扩张，争城略地，荼毒生灵，这就失去了慈爱之心，即丧失了“慈”;因为无敌就会放纵自己的侵略行为，恣意横行，那就放弃了收敛和自我约束，即丧失了“俭”;因为无敌就会胆大妄为,冒天下之大不韪，这就丧失了“不敢为天下先”的处世准则。所以老子说:“无敌几丧吾宝。”——因为老子把“慈”、“俭”和“不敢为天下先”奉为人生“三宝”(第六十七章)。

“故抗兵相若，哀者胜矣。”即两军对垒，兵力相当，哀兵必胜。老子的这些话可以说是第六十七章有关“慈”的思想的继续和发挥。老子主张以慈修德,以慈养兵。因为慈能得众,慈能得心。兵力相当，哀兵之所以能胜，这是“慈”所产生的效应。只有君王的慈爱之心，才能使国人同仇敌忾，万众一心，众志成城，“无绳约而不可解”(第二十七章)，也因为有君王的慈爱之心，才会出现悲壮的哀战场面。

其实，战争的胜负在很大程度上就是对“心道”的运用。这不禁让我想起战国时期著名的军事家吴起。史书记载,“起之为将，与士卒最下者同衣食。卧不设席，行不骑乘，亲裹赢粮，与士卒分劳苦。卒有病疽者，起为吮之。”(《史记·孙子吴起列传》)对于这样一位以慈道领兵的将帅，士卒哪有不效命？“慈，故能勇”（第六十七章），勇，才能“抗兵相若，哀者胜矣”。

在《老子》中，谈兵论道的有第三十章、第三十一章、第六十八章、第六十九章，因此有些人把《老子》当兵书，把老子当兵家，这未免有些牵强。老子是一位思想家，哲学家，是古代的一位哲人，战争是那个时代的重要特征，因此，他的思想不可能离开对战争的认识和思考。其实他的谈兵论道是很原则的，没有像《孙子兵法》之类的兵书那样系统、全面、具体，他的谈兵论道只不过是其哲学思想在战争用兵问题上的反映，仅此而已。

第七十章

吾言甚易知，甚易行。天下莫能知，莫能行。言有宗[1]，事有君[2]。夫唯无知，是以不我知。知我者希，则我贵矣。是以圣人被褐怀玉[3]。

注释

①宗：宗旨，主旨。 **②君**：根本，本原。 **③被褐怀玉**：披着粗布衣裳而怀揣宝玉。意指自己美好的东西没能被他人理解和接受。被：同披，即披在肩上。褐：指粗布衣裳。

解读

本章是老子对世人不知“道”，不行“道”而发出的感叹。他这样说——

我说的话非常容易懂，也非常容易行。可天下却没人能理解，也没人能实行。我说的话是有个宗旨的，说的事也是有个本原的。由于世人没能理解这个宗旨和本原，所以也就无法理解我良好的愿望。理解我的人少了，那我也就自然高贵了。所以圣人只能是披着粗布衣裳而怀揣着宝玉啊！

老子关于“道”和“德”的理论，虽“易知”、“易行”，但

“天下莫能知，莫能行”，老子因此发出了“被褐怀玉”的感叹，充分体现了这位得道圣人以苍生为念的情怀。下面让我们再作些分析。

“吾言甚易知，甚易行。天下莫能知，莫能行。”老子的话之所以非常容易理解，也非常容易实行，就在于他关于“道”和“德”的理论是世间最普通、最基础、也是最粗朴的理论，所以他把它叫作“朴”。他所说的那些话都是以物喻理，以事寓理，深入浅出。如“上善若水”（第八章），“企者不立，跨者不行”（第二十四章），“江海所以能为百谷王者，以其善下之”（第六十六章），“持而盈之，不如其已”（第九章），“合抱之木，生于毫末；九层之台，起于累土；千里之行，始于足下”（第六十四章）。等等。这是老子讲话最大的语言特色。老子讲话之所以能够做到那样，这是因为他向天地万事万物学，读无字之书，从万事万物中领悟为人处世的真实道理，即“学不学，复众人之所过”（第六十四章）。所以他的话形象生动，浅显易懂，也容易实行，而且人人都可以做到。但是世人因为囿于俗见，鱿于私欲，所以“天下莫能知，莫能行”。

“言有宗，事有君，夫唯无知，是以不我知。”即是说，我讲的话是有个宗旨的，说的事也是有个本原的，由于世人没能理解这个宗旨和本原，所以也就无法理解我良好的愿望。譬如第七章说的“天长地久”，那是对私心、私欲太重的人来说的；又譬如第九章说的“持而盈之，不如其已”，“金玉满堂，莫之能守；富贵而骄，自遗其咎”，这些话是对那些热衷于功名和富贵的人来说的。如此等等，都是有所指的，是有原因的，目的都是为了让人卸去做人的负担。即“言有宗，事有君”。句中的“宗”、“君”其实意思相同，都有根、本，宗旨、主旨的意思，这一“宗”一“君”，既体现了表达方式的灵活多样，也增强了语言的韵味。那么，为什么会造成“无知”和“不我知”呢？这是因为老子的话虽然深入浅出，易知易行，但由于世俗之人缺乏“有余以奉天下”(第七十七章)的襟怀。他们心念的是功名，所以才“宠辱若惊”，“贵大患若身”(第十三章)；他们祈求的是利禄，所以才“如享太牢，如春登台”(第二十章)；他们好争好强，所以才“舍慈且勇，舍俭且广，舍后且先”(第六十七章)；他们因为有“生生之厚”，所以才“动之死地”(第五十章)。等等。他们对老子讲的那些话的宗旨和本原根本无法觉解，甚至“闻道大笑之”(第四十一章)。正是由于这种无知，所以也就不可能理解老子规劝世人的良苦用心。

“知我者希，则我贵矣。是以圣人被褐怀玉。”这是老子对世人不理解他的良苦用心而发出的感叹。我之所以高贵，那是因为理解我的人实在太少了，所以圣人只能是披着粗布衣裳而怀揣着宝玉啊！意指自己美好的东西没能被世人理解和接受。

世人为什么对很容易理解也很容易实行的事，不去身体力行呢？原因就在于无法“塞其兑，闭其门”，甚至“开其兑，济其事”(第五十二章)，即无法摆脱名、利等欲望的诱惑，对功名利禄有着蝇拥蚁附般的追逐，因此圣人也只能发出“被褐怀玉”的感叹。

第七十一章

知不知，上[①]；不知知，病[②]。是以圣人不病，以其病病，是以不病。

注释

①上：上等的，高明的。 **②病**：毛病，缺点。按：此句帛书《老子》篆本为“不知不知，病”。

解读

在这一章里，老子谈论的是人们的认知问题，他是这样说的——

知道自己有所不知，那是最明智的；不知而自以为知，这就是一个毛病。圣人就没有这个毛病，因为他厌恶这种毛病，所以也就没有这个毛病。

这是全书中最短的篇章之一，谈论的中心就是人们的认知问题。辩证唯物论的认识论告诉我们，客观世界是无限的，而人们对于客观世界的认识则是有限的。因此人们总是有所知，也有所不知。这里所说的“知”和“不知”，当然也包含了人们对“道”和“德”的认知程度，而并不限于对某些具体事物的认识。

“知不知，上；不知知，病。”知道自己有所不知，那是最高明的，或者说是最明智的；不知而自以为知，那就是一个毛病，或者说是一个缺点。这个“病”有毛病、缺点的意思。对于世间事物，每个人不可能什么都知道，这是大家熟悉的道理，尤其是对那个博大精深而又玄妙的道和德的认识更是这样。其实，知道自己有所不知，甚至无知，这是一种智慧，只有愚蠢的人才会“不知知”，即不知而自以为知。因为只有自觉有所不知，才能不断地去认识或体悟道和德的玄妙所在，不断修德、进德，从而达到道的境界。老子把自我反省、自我观照而得的叫做“明”：“知常曰明”（第十六章），“自知者明”（第三十三章），“见小曰明”（第五十二章）。“明”就是由“不知”到“知”的认识上的飞跃。反之，如果“不知知”，即不知而自以为知，则必然会“自见”、“自是”、“自伐”、“自矜”（第二十四章），必然会“舍慈且勇，舍俭且广，舍后且先”（第六十七章），甚至走上违天逆道的死路。所以“不知知，病”，而且是个大毛病、大缺点，世人不可不知！

“是以圣人不病，以其病病，是以不病。”圣人就没有“不知知”这个毛病，因为他厌恶这种毛病，所以也就没有这个毛病。“病病”，前一个“病”作动词用，可以理解为讨厌、厌恶；后一个“病”作名词用，即毛病、缺点。在老子的这句话中，有一个问题需要追究，即圣人为什么“不病”？具体地说就是圣人为什么没有“不知知”这个毛病？或者说圣人为什么会厌恶这个毛病？因为圣人仰观宇宙之大，俯察品类之盛，纵览世事之变，认为整个客观世界的变化是无穷无尽、变幻莫测的，尽管有许多规律可循，但时时都会有意想不到的事发生，“祸兮，福之所倚；福兮，祸之所伏”，“正复为奇，善复为妖”（第五十八章）。可见人们的认知能力是有限的，因此圣人总是“知不知”，承认自己对道和德的认识有所不知，对客观世界的认识有所不知，自然也就没有“不知知”这个毛病，也理所当然地讨厌这个毛病。正因为圣人都认为自己有所不知，所以老子叫人们不要胆大妄为，要守护“慈”、“俭”、“不敢为天下先”这人生“三宝”（第六十七章）。他还告诫人们应该“不自见”、“不自是”、“不自伐”、“不自矜”（第二十二章）。所有这些都充分体现了他自谦、自保和谨慎处世的原则。

第七十二章

民不畏威[1]，则大威至。无狎[2]其所居，无厌[3]其所生。夫唯不厌，是以不厌。是以圣人自知不自见[4]，自爱不自贵。故去彼取此。

注释

①**威**：威压，威胁。 ②**狎**（xiá）：轻侮，扰乱。 ③**厌**（yā）：同“压”。有压制、堵塞之意。 ④**见**：同“现”，显现。

解读

这一章是老子对封建统治者的建言。在国家政治混乱的时候，封建统治者往往会对人民施加严苛的管制措施，因此老子叫他们不要压迫太甚，要注意自敛。他说——

老百姓如果不怕威压，那么国家更大的民变威胁将要到来了。不要去扰乱老百姓的居所，也不要去压逼他们的生计。只有不压迫，老百姓才不会感到有压力。所以圣人总是有自知之明，而不自我彰显；有自爱之心，而不自居尊贵。即要抛弃强制、暴力手段而采取退让、自敛的做法。

这是老子对封建统治者的规劝。按照老子的做法和凭他那高超的政治智慧，可以将国家祸乱的风险和社会的矛盾冲突降到最低。一切治国理政的人都可以从中得到启发。

“民不畏威，则大威至。”民所不畏之“威”，指的就是封建统治者的强制和暴力，而将至的“大威”指的就是老百姓的造反威胁。“民不畏死，奈何以死惧之？”（第七十四章）官逼民反，理之固然。老百姓在走投无路的时候，自然铤而走险，还怕什么威压！因此威无以制民，则天诛将至，大祸就要临头了。中国历史上的许多农民起义都是由于封建统治者的强制和暴力引起的。

“无狎其所居，无厌其所生。夫唯不厌，是以不厌。”有什么办法避免“大威”的到来呢？按照老子的办法就是两条。

第一，“无狎其所居”。即是说，不要扰乱百姓的居所，冲击他们的正常生活，使他们居无所安。句中的“狎”有轻侮、扰乱的意思。唐朝的柳宗元在他的文章《捕蛇者说》中，曾经借用捕蛇者的话这样描写官吏扰乱百姓的正常生活：“悍吏之来吾乡，叫嚣乎东西，隳突乎南北，哗然而骇者，虽鸡狗不得宁焉。”——这就是“狎其所居”。而“狎其所居”的结果，必然是百姓的反抗。

第二，“无厌其所生”。即不要压逼百姓的生计。这个“生”，指的就是百姓赖以生存的生活来源或生活基础。句中还有一个很重要的字需要特别注意，这就是“厌”，在这里读yā，它在古汉语中有“压”的意思，如压住、压制、压缩、堵塞等等，例如《汉书·翼奉传》：“东厌诸侯之权”。下一句中的“厌”也是这个意思。柳宗元在同一文章中还这样说，老百姓为了缴纳繁重的赋税而“殚其地之出，竭其庐之入”。——这就是“厌其所生”。而“厌其所生”的结果，必然是迫使百姓铤而走险。

老子说的这两条，其实就是为了避免激起民愤，切断发生民变的导火索。当然，只要不把老百姓压到绝路，逼到死地，他们就没有压迫之感，这就是“夫唯不厌，是以不厌”，这样反也就造不起来了。

“是以圣人自知不自见，自爱不自贵。”前面讲的是如何对待处于困境甚至绝境中的老百姓的办法，这一句讲的是统治者应该如何对待自己。办法也是两条：一是“自知不自见”。即要有自知之明，不要过分彰显自己。所谓“不自见”，即不彰其尊，不显其荣，不耀其武，不扬其威，即要收敛统治者自身的行为。句中的“见”同现，有显现的意思。二是“自爱不自贵”。即有自爱之心，但不能自居尊贵，自尊自大，高高在上，不可一世。应该访贫问苦，体察民情；赈贫济困，安抚百姓。老子认为只有这样才不致激化一触即发的社会矛盾。

“故去彼取此。”这是全章的总结。所谓“去彼”，指的就是“无狎其所居，无厌其所生”；所谓“取此”，指的就是“自知不自见，自爱不自贵”。

以上所有这些，都是老子对当时的封建统治者的忠告，并最后以圣人的做法委婉地规劝他们要收敛自己的行为，以纾缓当时一触即发的社会矛盾。孔子曾说：“苛政猛于虎也。”(事见《礼记·檀弓下》)严苛的政治，繁重的赋税和徭役是老子那个时代的人民的生活现实，所以老子提出的“去彼取此”的主张，是纾解当时社会矛盾最高超、最有效的办法，也反映了他高明的政治智慧。那种退让和自敛的做法是道在政治上的体现和运用，也是为政之德的反映。

第七十三章

勇于敢则杀[①]，勇于不敢则活。此两者，或利或害。天之所恶，孰知其故？是以圣人犹难之。天之道，不争而善胜，不言而善应，不召而自来，绰然[②]而善谋。天网恢恢[③]，疏而不失。

注释

①杀：死。 **②绰（chuò）然**：舒缓的样子。六朝写本多为“坦然”。 **③恢恢**：宽大无边的样子。

解读

老子的这些话浅显易懂，但有些话近乎悖论，似乎不好理解。他这样说——

勇而敢作敢为的走上了死路，勇而不敢作为的反而活了下来。对于这两种同属于勇的行为，有的得到了好处，有的却遭到了害处。天道所厌恶的，但怎能知道它的缘故呢？所以这就连圣人也感到为难。天道总是这样，不争不斗反而取得了胜利，不言不语反而得到了回应，不召不唤反而自动来归，心宽气和而善于谋划。天道犹如一张宽大无边的网，它虽然稀疏，但总不漏失。

老子的那些话告诉我们，顺德而行，无为不争，才是人们处世的最高境界，任何违天逆道的行为都将自取其咎。下面让我们再慢慢品读老子的那些话。

“勇于敢则杀,勇于不敢则活。此两者,或利或害。”所谓“勇于敢”者，即有勇气、有胆量而敢作敢为，不怕艰难险阻，勇往直前，甚至“明知山有虎，偏向虎山行”。显然这种行为有一种鲁莽冒进、不顾后果的成分,因此这种“勇”是匹夫之勇,这种“敢”是“强梁”（第四十二章）之敢，其结果往往是“杀”。因为这是一种违天逆道的行为。句中的“杀”，有“死”的意思，它与下一句的“活”相对。所谓“勇于不敢”者，即有勇气，有胆量，但不敢冒进,不敢盲动。无论进退,还是出处,都以是否顺乎天道,合乎人心为依归,因而这种“勇于不敢”就有不敢冒天下之大不韪,“不敢为天下先”（第六十七章）的含义，其结果则往往是“活”。对于上述两种同属于“勇”的行为，由于与道的悖顺不同，其结果的利害也就迥异，这就是所谓“此两者，或利或害”。

“勇于敢则杀，勇于不敢则活”，如同第六十七章的“不敢为天下先”一样，集中体现了道家明哲保身、谨慎处世的人生哲学，当然，这也反映出老子思想中保守的一面。

“天之所恶，孰知其故？是以圣人犹难之”天道所厌恶的，但人们怎能知道它的缘故呢？所以这就连圣人也感到为难，足见天道的奥妙。其实，天道并非无知，它是有所厌恶，有所喜好，甚至有所偏袒的，那就是顺之者昌，逆之者亡。

“天之道，不争而善胜，不言而善应，不召而自来，绰然而善谋。”所谓“天之道”，即自然之道，（但这自然之道不能理解为自然规律，自然也不是自然界，这是读者需要特别注意的，否则你就无法读懂《老子》。）“不争而善胜，不言而善应，不召而自来，绰然而善谋。”这是老子无为思想的基础。这些话的意思我在开头已经说了。世间任何事物都不可能，也不应该强求而得，任何过分的作为，强求的行为，都是不合乎道的，当然也不可能有什么好的结果。只有因循自然，顺乎天时，合乎地利，应乎人和，顺德而行，才是人们正确的行事之道。

“天网恢恢，疏而不失。”类似这样很有气势的文句也多见于现代的各种法律文书中，不过那指的是法网。所谓“天网恢恢，疏而不失”，即是说天道犹如一张宽大无边的网，笼罩着整个人世俗尘，它虽然稀疏，但未曾漏失。世间一切事物的利或害都逃脱不了这恢恢的天道之网，这就是自然的力量，亦即道的力量。

显然，老子已经把天或天道人格化了。在道家看来天是有意志的，顺之者昌，逆之者亡，就是这种意志的体现。

第七十四章

民不畏死，奈何以死惧之？若使民常畏死，而为奇者[①]，吾得执而杀之！孰敢？常有司杀者[②]杀，夫代司杀者杀，是谓代大匠斫[③]。夫代大匠斫者，希[④]有不伤其手矣。

注释

①为奇者：行为、能力突出的人。 **②司杀者**：掌管杀人的部门。这里指的是天道。司：掌管，主管。 **③斫**（zhuó）：砍伐。 **④希**：同“稀”。

解读

老子反对用杀人来恐吓人民，当然也反对代替天道滥行杀伐之权，他说——

老百姓已经不怕死，你怎么能以死去恐吓他们呢？如果要让老百姓永远怕死，那就应该把行为、能力突出的乱群之首抓起来，然后杀了他！那还有人再敢吗？杀人总得由掌管杀人之权的天道自行行使，如果有人代替天道任意行使杀伐之权，这就好像代替大匠去砍伐木头，而代替大匠去砍伐木头，就很少有不伤害自己手的。

这是老子在为民请命，同时也对当时的封建统治者任意杀人的暴力行为提出了委婉的批评。物极必反,理之固然,“民不畏死”,以其无以生也。

“民不畏死,奈何以死惧之？”民何以不畏死？因其居无所安，食不果腹。在第七十二章，我曾经引用唐代柳宗元《捕蛇者说》中的话:“悍吏之来吾乡，叫嚣乎东西，隳突乎南北，哗然而骇者，虽鸡狗不得宁焉。”这是中国封建官吏对付农民的通常行为，农民为缴纳赋税“殚其地之出,竭其庐之入。”这种“狎其所居”、“厌其所生”（第七十二章）的行为迫使广大农民离乡背井，甚至铤而走险。民生如此,因此“奈何以死惧之。”老子在第七十五章中说:“民之饥，以其上食税之多”，“民之轻死，以其上求生之厚”。这就是说，老百姓之所以挨饿，轻死，那是因为封建统治者压迫太甚，求生太厚的缘故。正是一语中的。

“若使民常畏死,而为奇者,吾得执而杀之！孰敢？”所谓“为奇者”，指的是那些行为、能力异于常人，具有宣传、发动、组织和领导能力的群众领袖。因此全句的意思就是:如果要让老百姓永远怕死，那就得把那些突出、为首的人抓起来，杀了他！那么还有谁再敢？不过，现在已经“民不畏死”，“执而杀之”的震慑作用已经没有了。

“常有司杀者杀。夫代司杀者杀，是谓代大匠斫。夫代大匠斫者，希有不伤其手矣。”杀人的震慑作用已经没有，势必造成滥杀。这时老子发话了:永远应该由掌管杀人之权的部门（所谓“司杀者”），即天道负责杀伐。谁该杀，谁该活，天道自有选择。对于违天逆道的自作孽者和“强梁者”，自然“不得其死”（第四十二章),对于不敢冒天下之大不韪,“不敢为天下先”,以“慈”、“俭”（第六十七章）自守，循道顺德的人自然该活。代替天道行使杀伐之权（所谓“代司杀者杀”），就如同代替大匠去砍伐木头，而代替大匠去砍伐木头就很少有不伤害自己手的。——这就是老子对当时的封建统治者草菅人命，任意杀戮的暴力行为提出的委婉批评。其实，“代司杀者杀”，即代替天道，行使杀伐之权的结果，必然会激起广大人民更大的愤怒和反抗，这时残暴的封建君主政治也就岌岌可危了。此时，岂止“伤其手”，已经伤其身，快要殒其命了。

如同第七十三章一样，老子将天或天道人格化，大大增强了天或天道的灵性和威严。天道是万物的“司杀者”，它的“杀”是自然无为而为，而封建统治者运用严刑峻法“代司杀者杀”是窃取了天的权力，是胡作非为，因此是违天逆道的。所以这就有力地鞭挞了封建统治者任意杀戮的不道行为。当然，这也在一定程度上反映了这位古代哲人为民请命和以苍生为念的情怀。

第七十五章

民之饥，以其上[1]食税之多，是以饥；民之难治，以其上之有为[2]，是以难治；民之轻死，以其上求生之厚[3]，是以轻死。夫唯无以生为[4]者，是贤于贵生[5]。

注释

①上：指封建统治者。　**②有为**：指统治者的胡作妄为。　**③求生之厚**：即追求自己优渥的生活，珍惜自己的生命太过分。生：有生活、生命的含义，下同。厚：重，深。按：帛书甲、乙本“求生之厚”前皆无“上”字。　**④无以生为**：不以自己的生活、生命为事。　**⑤贤于贵生**：胜过看重自己的生活和生命。贤于：即胜过，优于。贵：看重。

解读

老子认为天下百姓的饥饿、贫困以致轻死抗争，都是由于封建统治者的养尊处优，过分看重自己的生活和珍惜自己的生命造成的。他说——

老百姓饥饿，是因为统治者吞食的赋税太多，所以才有饥饿；老百姓难以治理，是因为统治者胡作妄为，所以才难以治理；老百姓轻死，是因为统治者过分看重自己的生活和珍惜自己的生命，所以才冒险轻死。统治者只有不以自己的生活和生命为事，那才是胜过看重自己的生活和生命。

老子把当时存在的社会问题的根源看得非常准确，充分反映了这位哲人对天下民生的关切。其实，没有天下百姓最基本的生活保障，就不可能有封建统治者永恒的利益。这是治国理政者必须明白的最基本的道理。

“民之饥，以其上食税之多，是以饥。”封建社会是一个农业经济社会，国家的财政收入主要来自农民的赋税。国家向地主按田亩征税，而地主向佃户收租。所以对无土地的，靠租种地主土地从事农业劳动的广大农民来说，税负无疑是很重的。《宋史·食货志上》说:“公租额重而纳重，则佃不堪命。”这话的意思就是，封建国家租税的数额很重，缴纳也重，因此广大佃户苦不堪命。这和老子说的“民之饥,以其上食税之多,是以饥”是同一个意思。

“民之难治，以其上之有为，是以难治。”封建国家不仅赋税重，而且各种劳役也多，譬如建造衙署，修筑道路、城垣和各种水利设施，等等。对于国家重点的大型工程，如治理大江大河、修筑长城、建造宫室，等等，服役的民工虽不说在全国范围内但也要在很大范围内征用。这种离乡背井，到遥远的地方去服的劳役，叫作徭役。中国历史上许多声势浩大的农民起义就是在服劳役过程中爆发的,因为民工的大量集中为起义提供了良好的条件。繁重的劳役不仅屡屡引发民变，也使田园荒芜，国库空虚，这就是老子所说的“田甚芜，仓甚虚”(第五十三章)，从而使国家的治理陷于混乱。在老子看来,封建统治者安排的各种繁重的劳役,就是“有为”，是一种过分的作为，一种劳民伤财的作为，所以他说:“民之难治，以其上之有为，是以难治”。

“民之轻死，以其上求生之厚，是以轻死。”和“民之轻死”

相对的是封建统治者的"求生之厚"。所谓"求生之厚"，就是封建统治者追求自己优渥的生活，看重自己的生命太过分。"厚"即重、深，这里有过分的意思。一方面是底层百姓的居无定所，食不果腹；民有饥色，野有饿殍。另一方面是封建统治者的养尊处优，骄奢淫逸，"服文采，带利剑，厌饮食，财货有余"（第五十三章）。严重的社会两极分化，就是老子所生活的那个时代严峻的社会现实。所以老子说："民之轻死，以其上求生之厚，是以轻死。"

"夫唯无以生为者，是贤于贵生。"老子在分析了以上这些社会问题的根源以后总结说：封建统治者只有不以自己的生活、生命为事，那才是胜过看重自己的生活和生命。意即封建统治者只是看重自己优渥的生活，珍重自己的生命，要是封建君主政权被那些饥饿、"难治"、"轻死"的天下百姓推翻了，那神仙般的生活也就一去不返，甚至连命也没了。因为天道的运行法则就是物极必反。这也就是我在前面说的，没有天下百姓最基本的生活保障，就不可能有封建统治者永恒的利益。句中的"贤于"，有优于，胜于的意思。"贵"，则有看重的意思。

全章文字，简直是老子在天道的法庭上为天下百姓请命的辩护词，它深刻地揭露了封建君主政治的罪恶，充分反映了这位老夫子对天下民生的同情和关切，也体现了他对自由、均富和公平社会的向往。

第七十六章

人之生也柔弱，其死也坚强；万物草木之生也柔脆[①]，其死也枯槁。故坚强者死之徒[②]，柔弱者生之徒。是以兵强则不胜，木强则兵[③]。强大处下，柔弱处上。

注释

①柔脆：柔嫩脆弱。 **②徒**：指某一类事物。 **③兵**：作动词用，有砍伐的意思。

解读

这一章，老子以人和万物草木的生死为喻，来说明强弱与生死的辩证关系，他说——

人活着的时候身体柔软羸弱，死了以后就会变得僵硬；万物草木活着的时候柔嫩脆弱，死了以后就变得枯槁。所以强硬是属于死的一类，柔弱是属于活的一类。正是因为这样，军队强大反而不容易取得胜利，如同木头强硬就会招致斧斤的砍伐。天下万物就是这样，强大的往往最终处于下势，而柔弱的往往最终居于上位。

这是老子根据一般自然现象得出的结论，告诉我们立身行事应该避强处弱，去硬就软。这是为人处事的高明之德。

“人之生也柔弱，其死也坚强；万物草木之生也柔脆，其死也枯槁。故坚强者死之徒，柔弱者生之徒。”老子的这些话以人和万物草木的生死为例，来说明强弱与生死的辩证关系。那么为什么会存在这种关系呢？因为“坚强者”，即行事风格强硬的人，往往意气逼仄，行为强势，方法刻板，缺乏机变，所以在实际事务中往往处处受阻；反之“柔弱者”，即生性温良的人，往往意气宽和，通变能力强，所以对社会的各种生存环境的适应能力也强，生存、发展的机会也就越多。所以老子总结说，“坚强”是属于死的一类，而“柔弱”是属于活的一类，即所谓“坚强者死之徒,柔弱者生之徒。”这和前面第七十三章所说的“勇于敢则杀，勇于不敢则活”、“天之道,不争而善胜”和第四十二章所说的“强梁者不得其死”的思想是一脉相承的。

“是以兵强则不胜，木强则兵。”这是根据人和万物草木的生死与强弱的关系得出的结论,即军队强大了反而不容易取得胜利,如同木头强硬容易招致斧斤的砍伐。因为军队强大了，就会恃强而骄，就会恃强轻敌，甚至滥用兵力，其结果如项羽之败于刘邦，袁绍之败于曹操。等等。所以老子说“兵强则不胜”。

木头也是这样。质地细密、坚硬的木头，小的被人们砍伐作为栓吊动物的木桩，大的被人们砍伐作为高屋的栋梁，甚至被砍伐作为贵人、官商之家的棺木,这就是庄子说的:“求狙猴之杙（yì，小木桩）者斩之,”“求高名之丽者斩之”，“贵人富商之家求禅傍者斩之”。“故未终其天年而中道夭于斧斤，此材之患也。”(《庄子·人间世》）所以老子说：“木强则兵”。这个“兵”原指用兵器伤人，如“左右欲兵之”(《史记·伯夷列传》)，这里有招致斧斤砍伐的意思。

“强大处下，柔弱处上。”这就是事物发展的规律，即强大的最终会处于下势，而柔弱的最终会居于上位。这就是这章的结论，是老子所议论的中心，当然也是文章的旨意所在。

强大为什么最终会处于下势呢？因为强大者处于主导地位，容易左右时态，也容易得罪他人，强大者也容易“自见”、“自是”、“自伐”、“自矜”（第二十四章），因此强大者往往是大家防范的重点，是大家嫉妒的对象，也是大家共同攻击的目标，是弱者的共敌。强大者在遭受挫折时，人们也不是协作帮助，而往往是幸灾乐祸。所以人如果桀骜锋利，作风强硬，一意孤行，其最终会处于下势，甚至翻船沉溺。相反，人如果为人温顺，处事谨慎，上下和谐，左右逢源，其最终必然会居于上位。这在古今中外的政治和现实生活中已经司空见惯，无须赘述。“强大处下，柔弱处上”，世间的许多事物就是这样，这就是事物的辩证法。一切有人生抱负的青年才俊，治国理政的政治明星不可不知！避强处弱，去硬就软是人们立身行事最明智的选择。

第七十七章

天之道，其犹张弓与[①]！高者抑之[②]，下者举之[③]；有余者损之，不足者补之[④]。天之道，损有余而补不足；人之道则不然，损不足以奉有余。孰能有余以奉天下？唯有道者。是以圣人为而不恃，功成而不处，其不欲见贤[⑤]。

注释

①与：同“欤”，感叹词。　**②抑之**：把弓往下压。　**③举之**：把弓抬起来。　**④有余者损之，不足者补之**：距离目标力量有余，就把拉弓的力量减少一点；距离目标力量不足，就把拉弓的力量增加一点。　**⑤见贤**：显现自己的道德和才能。见，同“现”。贤，指人的道德和才能。按：结尾一句傅奕本为：“其不欲见贤邪？”

解读

老子在本章中以拉弓射箭为例，对“人之道”和“天之道”作了比较，他这样说——

天道的运行法则就好像是拉弓射箭吧！高了就把弓压下来，低了就把弓抬起来。距离目标力量有余，就把拉弓的力量减少一点；距离目标力量不足，就把拉弓的力量增加一点。天之道就是这样，减损有余的而补偿不足的。人之道就不是这样了，倒是减损不足的而供奉有余的。谁能够将有余的奉献给天下不足的呢？只有得道之人了。所以圣人总是有所作为，但并不恃其为，大功告成了也不居其功，大概他不愿意彰显自己的才能和功德吧。

全章简直是讨伐封建专制政治的檄文，它揭露了自奉有余，而不肯补天下之不足的这种“人之道”，充分体现了这位近三千年前的哲人对生有不足的广大人民的同情。这种无私大公的思想和近代以“弱肉强食”为天道的达尔文主义形成了鲜明的对比，这就更体现了老子思想的进步性。全章体现的是抑富济贫，克己奉公的圣人之德。下面让我们再慢慢研读。

“天之道，其犹张弓与？高者抑之，下者举之；有余者损之，不足者补之。”对于“天之道”，老子用拉弓射箭作比喻。根据拉弓的姿势和动作，这些话是很容易理解的，即举高了就把弓压下来，举低了就把弓抬起来。距离目标力量有余，就把拉弓的力量减少一点；距离目标力量不足，就把拉弓的力量增加一点。这就是“天之道”，即自然之道。这个比喻为下面的议论作了很好的铺垫。

“天之道，损有余而补不足；人之道则不然，损不足而奉有余。”这话在这里起着承上启下的作用，并将“天之道”和“人之道”作了比较：“天之道”，“损有余而补不足”；“人之道”，“损不足而奉有余”。显然，这种损害生有不足的而去供奉食用有余的“人之道”是违反天道的，因此“不道早已”（第三十章）。在这里，老子猛烈地抨击了封建君主政治的不合理，这既体现了他对生有不足的民生的关切，也反映了他对平等、均富，大公、大同社会的向往。

“孰能有余以奉天下？唯有道者。”谁能够将有余的奉献给天下呢？只有得道之人了。老子这句振聋发聩的话，实在让我们今天的不少人汗颜！这位近三千年前的哲人，以天下为怀的胸襟已昭如天日。老子思想的伟大也正是伟大在这里。中国近代“天下为公”的资产阶级民主革命思想和我们今天倡导的无产阶级、共产主义思想，都是和老子的“损有余而补不足”以及“有余以奉天下”的思想一脉相承的。老子那种“有余以奉天下”的襟怀，也足以说明他是先秦诸子中最具共产主义情怀的先哲，这实在令人景仰！

“是以圣人为而不恃，功成而不处，其不欲见贤。”这是对圣人之德的赞美，它所体现的正是大道之德。正是因为圣人“能有余以奉天下”，所以他总是有所作为，但并不恃其为；大功告成了，仍不居其功。大概他不愿意彰显自己的才能和功德吧。这里需要注意的是，所谓“不恃”，不恃的是其所“为”，而不是其能其力，甚至其功。“不处”即不沾边，文中则有不居功的意思。最后一句中的“其”是句中的语气词，不作代词用，它有揣测之意。

老子的最后一席话，按照我们今天的话来说就是完全、彻底地为人民服务，不为名也不求功。这就是圣人的品德，一个得道之人的品德，这是何等高尚的品德！这体现的就是永无功利之欲的大道之德。一个治国理政者应该具有的就是这种大德。

读完了全章，我们深为老子无私大公的思想所感慨，它是老子思想的精髓。老子思想之所以时至今日仍熠熠发光，除了其对立统一这个辩证的思想方法以外，更有其“有余以奉天下”的自然大公之道。

第七十八章

天下莫柔弱于水，而攻坚强者莫之能胜，以其无以易[①]之。弱之胜强，柔之胜刚，天下莫不知，莫能行。是以圣人云："受国之垢[②]，是谓社稷[③]主；受国不祥[④]，是谓天下王。"——正言若反。

注释

①易：更换，替代。 **②垢**（gòu）：污秽，耻辱。 **③社稷**（jì）："社"是土地神，"稷"是谷神。古代帝王都祭祀社稷，以后社稷就成了国家的代称。 **④不祥**：指灾难，即国难。

解读

本章以柔弱之水为例，说明柔弱是可以胜过刚强的。老子这样说——

天下没有比水更柔弱的了，但攻坚克强的力量没有能胜过它的，这是因为其力量没有任何东西可以替代它。弱能胜强，柔能克刚，这个道理天下没有不知道的，但没人能真正实行。所以圣人说："能承受国家的耻辱，才称得上国家的君主；能担当国家的灾殃，才称得上天下的君王。"——这句正面的话，听起来却好像是一句反话。

读完全章，我深为哲人的智慧所感叹，也深感老子的书，非知天下之人不可解，也非治天下之人莫能读！

全章可以分为两个层次。前一层次讲水虽柔弱，但其势浩大，感叹世人虽知而莫能用；后一层次讲一国之君只有在蒙受国耻、遭受国难、历经磨难以后，方能担当大任，为“主”称“王”。其实，这两个内容是互有联系的，请看下面分解。

民性如沙，人心似水；水势似潮，水势可蓄。水之“攻坚强者莫之能胜”，以其势也。在这里老子告诉我们，民心可揽，其势可用。民心不揽，无以成其主；其势不用，无以称其王。下面就让我们去好好体会老子那些话的奥妙所在。

“天下莫柔弱于水，而攻坚强者莫之能胜，以其无以易之。”柔弱的水按理说是没有什么力量的，然其“攻坚强者”，势也，即水之力来自其势。波涛汹涌，排山倒海之势是任何力量都无法替代的，所以老子才说“以其无以易之”。这个“易”有更换、替代的意思。有的人把“无以易之”理解为水的本质是无法改变的，这就有失偏颇了。其实，这个“易”在这里没有改变的意思。这种理解上的偏颇主要在于他没有理解水之力来自哪里，更不理解本章的旨意所在。

“弱之胜强，柔之胜刚，天下莫不知，莫能行。”滴水之功来自毅力，然柔弱之水可以胜过刚强，其力来自其势，这个道理天下没有不知道的，但真正能做起来的就没有了。意即许多人不善于收揽柔弱如水一样的民心。不懂得民心可揽，民心可用；其势可蓄，其势可使。即不认识力量之深远在于民众之中。因此从这个意义上讲，作为一个治国理政的人，密切与人民群众的联系，不论在什么时候，不管怎样强调都不为过，因为民心向背始终是

"胜强"、"胜刚"的关键。读到这里，我们不得不佩服老子的睿智，让我们深刻意识到人民的伟力之深远。——这或许就是本章的旨意所在。

"是以圣人云：'受国之垢，是谓社稷主；受国不祥，是谓天下王。'——正言若反。"在这里，老子借用圣人的话说：能承受国家的耻辱，才称得上国家的君主；能担当国家的灾殃，才称得上天下的君王。这句正面的话，听起来却好像是一句反话。这就是说，"社稷主"、"天下王"，应该是承受过国家的耻辱和灾难的人，是历经磨难，备尝艰辛的人，因此也是能与人民同心同德，共渡患难，共克时艰的人。这自然会让我们记起春秋时期越王勾践卧薪尝胆、雪耻复国的事来。

春秋时期，吴越争霸，越国战败。"越王乃以余兵五千人保栖于会稽，……苦心焦思，置胆于坐。坐卧即仰胆，饮食亦尝胆也。曰：'汝忘会稽之耻耶？'身自耕作，夫人自织；食不加肉，衣不重彩；折节下贤人，厚遇宾客；振贫吊死，与百姓同其劳。"（《史记·越王勾践世家》）战败后的越国国君勾践就这样，在承受了"国之垢"和"国不祥"的十三年之后，利用吴王夫差北会诸侯的机会，仅以二千水师，四万教士，六千君子，杀了吴太子。其后四年，越又趁吴国内疲弊，再次伐吴，并围困吴三年，"越遂复栖吴王于姑苏之山"（同上）。此时的吴王夫差，欲如当年越王勾践，乞求苟免而不可得。此后，越兵横行于江淮，"号称霸王"。这就是老子所说的"受国之垢，是谓社稷主；受国不祥，是谓天下王"。当年栖息于会稽，苟延残喘的越国国君勾践之所以能够雪耻复国，为"主"称"王"，凭借的是什么？凭借的就是他那一套收揽民心的一系列作为，和由这种作为调动起来的柔弱如水的国人之力。国人之力在于君得民心，而民心如水，一旦蓄势有成，则可以形成波涛汹涌、排山倒海之势，“攻坚强者莫之能胜”。越王勾践十年生聚，十年教训，就是其蓄势的过程。

中国民间俚语有云：吃得苦中苦，方为人上人。百姓如此，君王尤然。所以老子借用圣人的话说：“受国之垢，是谓社稷主；受国不祥，是谓天下王。”这句正面的话，听起来却好像是一句反话，即所谓“正言若反”。其实，这就是事物的辩证法。这个“主”，那个“王”，如果没有承受过“国之垢”，担当过“国不祥”，天下百姓能归服吗？

第七十九章

和大怨，必有余怨，安可以为善？是以圣人执左契[①]，而不责于人[②]。有德司契[③]，无德司彻[④]。天道无亲，常与[⑤]善人。

注释

①左契：指借贷的存根或凭据。古代借贷钱物的券契分为可以合并的左、右两契，债权人执左契以为凭据，债务人执右契以为借据。**②不责于人**：不直接索债于人。责：索取。　**③司契**：掌管凭据。司：掌管。契，指左契。　**④司彻**：要求债务人完全付清。彻：彻底，这里有完全付清的意思。　**⑤与**：赞许。

解读

世人的龃龉和怨悱许多是由钱物的借贷引起的，那么如何处理债权人和债务人之间的关系呢？老子这样说——

调和了大的怨恨，必定还有余怨存在，这怎么可以称得上是一种和善的办法呢？可圣人就不是这样了，他只是拿着借贷的凭据，而不直接索债于人。所以有德的人只是掌管借贷的凭据，只有无德的人才要求债务人如期完全付清所有款项。天道是没有亲疏的，但总是赞许和宽善良之人。

这就是圣人处理借贷关系的做法，它体现的是借贷关系中的圣人之德。下面让我们再好好分析研读。

“和大怨，必有余怨，安可以为善？”老子认为通过借贷双方的和解或第三方调解处理债务纠纷，不是一种好办法，因为调和了大怨，但双方的心结依然存在，即所谓“必有余怨”，因此这种做法不能算是和善的办法。那么什么才是和善的办法呢？下一句作了回答。

“是以圣人执左契，而不责于人。”所以圣人的做法是，只拿着借贷的凭据（即“执左契”），而不直接索债于人，即不直接上门讨债，甚至逼债。这就是说，圣人的做法是根据债务人的偿还能力由其自愿、自行确定的。这样，债务人和债权人既无大怨也无余怨，充分体现了圣人和宽、善良的品德。这种品德是合乎道的，因为圣人就是道的化身。句中的“责”有索取的意思，如“宋多责赂于郑”（《左传·桓公十三年》赂：财物）。“不责于人”即不直接向人讨债。

“有德司契，无德司彻。”即有德的人只掌管借贷的凭据，只有无德的人才要求债务人按照券契中的有关规定，如期如数完全付清该还的全部款项。句中的“司”是掌管的意思。“彻”，即彻底，这里有完全付清的意思。需要指出的是，有些人把这个“彻”理解为周代的一种税收名称，或者什么税收制度，这是没有依据的。

“天道无亲，常与善人。”就是说，天道是没有亲疏的，但总是赞许和宽、善良之人。句中的“与”，有赞许的意思，如“朝过夕改，君子与之”（《汉书·翟方进传》）。

讲到这里，让我插一个《史记》中的故事吧。

战国时期，齐相孟尝君家有食客三千。由于吃饭的人多了，吃用自然成了问题，便让一位叫冯骓的人去收息。冯骓到了目的地以后，召集了债务人，并得息钱十万。他将其中的一部分用来杀牛置酒招待债务人，给吃了。他核对券契，能够付息的约定了期限，贫困不能付息的“取其券而烧之”。然后对大家说：“我家主人孟尝君之所以贷钱，那是为了帮助大家，今天来收息是为了奉养客卿。现在富裕的给约定了期限，困难的给全免了。请各位今天吃个饱，喝个够吧！有这么和宽、善良的主人，请大家不要辜负呵！”大家起立，拜谢不已。孟尝君知道了这事很不高兴，把冯骓叫回来给臭骂了一顿。冯骓说：“我不杀牛置酒，大家就不可能全部到齐，当然也不知道谁家富裕，谁家贫困。富裕的我给约定了期限，贫困的你就是收他八年、十年也无用，息积累多了，他们就逃跑了，最终还是收不到息，而且你还背上了一个贪财好利、不爱百姓的恶名。我现在烧了虚债之券，捐献了你不可得到的息钱，使当地百姓热爱你，更彰显了你和宽、善良的名声，对于这些你有什么不高兴呢？”孟尝君意会，拊手而谢。如此孟尝君的名声更大了。后来齐王听信了秦、楚的谗言，以为孟尝君名高盖主，于是废了他的相位。秦国知道了要迎孟尝君入秦。齐王知道了，便马上恢复了孟尝君的相位，而且食邑比原来增加了千户。孟尝君相位失而复得主要靠冯骓之力，但这也正应了老子的话：“天道无亲，常与善人”。

说完了这个故事，我们自然会想起我国政府对非洲各国所欠的债务问题就是如冯骓的办法处理的。我们在非洲之所以具有今天这个局面，都是因为我国政府和人民在那里播下许多友善的种子。

第八十章

小国寡民。使有什伯之器[1]而不用，使民重死而不远徙。虽有舟舆[2]，无所乘之；虽有甲兵，无所陈[3]之。使民复结绳[4]而用之。甘其食，美其服，安其居，乐其俗。邻国相望，鸡犬之声相闻，民至老死不相往来。

注释

①什伯之器：十倍、百倍于人力的器械。什伯：同“十、百”。按：此句帛书甲本为“什伯人之器”。 **②舆**：即车。 **③陈**：同“阵”。作动词用，有列阵训练的意思。 **④结绳**：远古时代，人们以结绳记事。

解读

人们憧憬桃花源式的社会生活，那么老子理想的社会生活是怎样的呢？他是这样描绘的——

国土很小，百姓很少。让那些十倍、百倍于人力的先进器械弃而不用，让百姓看重生死而不愿迁徙。虽有舟车之便，但什么也不乘坐；虽有军队，但什么列阵都不训练。让百姓回复到结绳记事的古老年代。百姓吃着香甜的食物，穿着整洁美丽的衣服，居住安适，民风和乐。邻国之间可以互相眺望，鸡鸣犬吠之声可以互相听见，但百姓到老至死也不相往来。

这就是老子所描绘的自然、古朴、安宁、祥和的社会生活图景。反映了他对无欲无争的清平世界的向往，也体现了圣人的清净寡欲之德。

“小国寡民。”国家小，国土小，百姓自然也少。国小易治，民少易安。不过，要是有哪位“雄才大略”的国君不满足于这种现状而攻城略地，开疆拓土，那就会战端频发，整个天下就不得安宁了。遗憾的是，天下难以平静正是由于那些“以兵强天下”（第三十章）的侯王们的贪婪引起的。所以“小国寡民”是老子无欲无争的思想在社会生活中的反映。

“使有什伯之器而不用，使民重死而不远徙。”为什么让那些十倍、百倍于人力的先进器械弃而不用？因为老子认为“绝圣弃智，民利百倍”；“绝巧弃利，盗贼无有”（第十九章）。即先进器械弃而不用，为的是不让少数人独占其利，也使盗贼无机可乘。因为世人的不安宁大都是由于他们的追名逐利引起的。“使民重死而不远徙”，这是因为人民安居乐业，生活宽裕了就会看重生死，也不再为逃避徭役和债务而迁徙远行。

“虽有舟舆，无所乘之；虽有甲兵，无所陈之。”虽有舟车之便，但什么（舟车）也不乘坐；虽有军队，但什么（列阵）也不训练。这是老子对安闲、和平生活的向往。句中的“无所……”，它有“什么……也不……”的意涵，如《论语·阳货》：“饱食终日，无所用心。”（整天吃饱了饭，什么心思也不用。）“虽有甲兵，无所陈之。”这里的“甲兵”，指的是军队，而不是武器，这和第五十章的“甲兵”意思有所不同。“陈”，它没有陈放的意思。我以为“陈”同“阵”，如《孙子兵法·军争》：“勿击堂堂之陈”。“陈”在句中作动词用，有列阵训练的意思。所谓“无所陈之”，即什么列阵也不去训练它。

意即军队没有用于列阵作战的考量。有些人把“虽有甲兵，无所陈之”理解为“虽有武器却派不上用场”，或“虽有武器却没地方陈放”，均有所偏颇。因此本人不敢苟同。

“使民复结绳而用之。甘其食，美其服，安其居，和其俗。”让人们回复到结绳记事的远古时代，津津有味地吃上他们自己生产的粮食和蔬果，穿上他们自己家织的整洁漂亮的衣服，居住安适，民风和乐。这是何等古朴、祥和的生活！这种自给自足、自然简朴的小农生活，既是道家无欲无为、寡淡心境的体现，也是对春秋晚期民生凋敝、社会动荡不安的现实的批判。

“邻国相望，鸡犬之声相闻，民至老死不相往来。”在老子看来，人世间的许多纷争都是由于人们的频繁往来引起的。往来多了就会有彼此间利益、情感的交互和冲突，就会产生或增加人的欲望和追求，从而引起竞争、纷争、乃至战争。因此国与国之间不相往来，只“望”山岳河川，只“闻”鸡鸣狗吠，是维护和平安宁生活的最好办法。因为在老子看来，和平安宁的生活是无须国际交往的。

至此，老子所描绘的这个“小国寡民”的社会生活图景已完全展现在我们面前。在这个社会里，民风古朴淳厚，人们悠闲自在，没有竞争、纷争和战争，人们“甘其食，美其服，安其居，和其俗”，其乐陶陶。这是何等和平、安宁的生活！毫无疑问，这种人类的乌托邦是道家清净寡欲和无为思想的反映。其实，人类生存的理想状态能够创造于未来，而无须留恋于既往。

第八十一章

信[1]言不美，美言不信。善者不辩，辩者不善。知[2]者不博[3]，博者不知。

圣人不积[4]：既[5]以为人己愈有，既以与[6]人己愈多。

天之道，利而不害；圣人之道，为而不争。

注释

①**信**：真实，真心。 ②**知**：同“智”。 ③**博**：广博。 ④**不积**：没有积存。 ⑤**既**：尽，全部。 ⑥**与**：给予。

解读

这是《老子》的最后一章，从表面上看，这些话毫无内在联系，但从思想和内容上看，可以说是对《德经》乃至全书的总结。它似乎有两个议论的中心，一是讲圣人的美善之德。二是讲圣人之道和天之道是一致的。老子他这样说——

真心的话不好听，好听的话不真心；美善的人不巧辩，巧辩的人不美善；有智慧的人不见得有广博的知识，知识广博的人不见得有智慧。

圣人没有财货的积存。因为他全部用以为人，却觉得自己越富有；全部用以给人，却觉得自己越多。

天之道，利万物而不相伤害；圣人之道，有所作为而不相争夺。

老子的这些话，是对圣人之德的归纳和对全书的总结。下面让我们再慢慢分析、品读。

“信言不美，美言不信。”“信”即真实，真心。“信言”，就是实实在在，真心实意的话。真心实意的话出自内心，没经修饰，故朴而不美。“美言”即漂亮的话，因为经过有意修饰，因此缺乏自然、本真的性质，故“不信”。“信言”质朴，是道的品质；“美言”乃心之伪，是一种巧饰之言。孔子也曾经说“巧言令色，鲜矣仁”（《论语·学而》）。读到这里，我们自然会觉得老子“言道德之意五千余言”（《史记·老子韩非列传》），句句都是信言、真言，他讲的话以物喻理，深入浅出。正如他自己所说的“吾言甚易知，甚易行”（第七十章）。他讲的话虽然“淡乎其无味”（第三十五章），却都是为人处世最真实的道理。所以言语之“信”，是圣人之德的第一个特点。

“善者不辩，辩者不善。”美善之人总是“善者吾善之，不善者吾亦善之”，“信者吾信之，不信者吾亦信之”（第四十九章），何辩之有？而“辩者”则不然，因为他没有容纳不同意见的雅量，喜欢听美言，信伪言，故不善。读完《老子》，我们自然会觉得得道之人都是善者。他们“行不言之教”（第二章），以自己美善的品行去影响周围的人们。他们不但不辩，有容纳不同人和不同意见的雅量，而且认为任何不善之人都是可以弃恶从善，弃旧图新，改邪归正的。“美言可以市，尊行可以加人”，因此“人之不善，何弃之有”？（第六十二章）所以才有“圣人常善救人，故无弃人”（第二十七章）。这才是真正的大善。所以行为之“善”，是圣人之德的第二个特点。

“知者不博，博者不知。”“知”同“智”，即有智慧、明事理。有智慧、明事理的人，为什么他们的知识往往不广博呢？因为他们不从师学，也不从书上学，而是从天地万事万物的自然演化中领悟为人处世的真实道理，即“学不学，复众人之所过”（第六十四章），因此他们实际的知识往往不见得广博。相反，具有许多实际的知识的人，往往局限于某些方面的专业知识，而且这些知识大多为实现或满足自己的利欲而得，所以有的人尽管知识丰富，见多识广，但对事物的认识往往囿于功利，缺乏真知灼见，所以在实际生活中往往显得不明事理，甚至缺乏智慧。如“富贵而骄”（第九章），“不知常，妄作”（第十六章），“自见”、“自是”、“自伐”、“自矜”（第二十四章），“舍慈且勇，舍俭且广，舍后且先”（第六十七章），等等。而得道之人就不是这样了，他们能够“功成身退”（第九章），能够“不自见”、“不自是”、“不自伐”、“不自矜”（第二十二章），能够对人生“三宝”，“持而保之”（第六十七章），能够“方而不割，廉而不刿，直而不肆，光而不耀”（第五十八章），能够“知足”、“知止”（第四十四章），等等。这才是真正的“知者”，是明事理、有智慧的人。所以识见之“知”，是圣人之德的第三个特点。

综上所述，言语之“信”，行为之“善”，识见之“知”，是老子对圣人之德的归纳。

下面再让我们看看，在物质利益方面表现出来的圣人之德。

“圣人不积：既以为人己愈有，既以与人己愈多。”这就是圣人在物质利益方面表现出来的与世俗之人不同的地方。句中的“既”，有尽、全部的意思，如“用之不足既”（第三十五章）。老子认为圣人是没有钱财、货物积存的。为什么呢？因为他全部用以为人，却觉得自己越富有；全部用以给人，却觉得自己越多。

这是何等高尚的品德！他把付出（“为人”）作为一种回报，他把给予（“与人”）看作一种收获。所以老子在第七十七章中说“孰能有余以奉天下？唯有道者”。这种大公无私的品德与我们今天倡导的无产阶级思想，共产主义风格和全心全意为人民服务的精神如出一辙。在这里我们再一次领略到了老子思想的进步和伟大。“圣人不积”，这是对世俗财富观念的一种超越，当然也是对圣人之德的高度概括。它充分体现了“生而不有，为而不恃，功成而不处”（第二章）的大道之德，这是圣人和世俗之人最大的不同。这种大德之玄，正是一般世俗之人所不能理解的。

那么，圣人为什么具有那样高尚的品德呢？下面请继续听老子说的。

“天之道，利而不害；圣人之道，为而不争。”这既是对上述问题的回答，也是对天之道和圣人之道的归纳，更是对《老子》全书五千余言的总结，从而使全章的思想内容浑然成为一体。由此可见，最后一章的这两个议论中心是一个统一的整体。

“天之道，利而不害”，以其无私也；“圣人之道，为而不争”，以其无欲也。无私，则天公地公，天下大公；无欲，则人平心平，世间乃平。“利而不害”，“为而不争”，则大道之行于天下，如百川之归于江海。

阳春布泽，万物生辉。利而不害，天下归怀。故利泽天下，遂得天下。圣人云：“天下非一人之天下，乃天下之天下。同天下之利者，则得天下；擅天下之利者，则失天下。”（《六韬·文韬·文师第一》）是以君子谋天下之利，图人民之福，“先天下之忧而忧，后天下之乐而乐”（范仲淹《岳阳楼记》）。只有这样的人，“贵以身为天下，若可寄天下；爱以身为天下，若可托天下”（第十三章）。

圣心荡荡，王道平平。为而不争，天下“大顺”（第六十五章）。

不争之德，在于无欲，但其核心在于“慈”（第六十七章）。圣人具有慈爱之心，如家君之爱子孙。故虑无私欲，谋无私心，“以百姓心为心”（第四十九章）。能“为而不恃，功成而不处”（第七十七章），“处上而民不重，处前而民不害”（第六十六章），“以其不争，故天下莫能与之争”（同上）。故慈被天下，爱泽万民；道之所在，天下归心。

乾清坤宁，天下太平。利而不害，合作共赢；为而不争，世界和平。放眼世界，天下国家种族不同，意识形态各异，制度差距也很大，但大道并行不相悖，万物共育不相害。各种意识形态、社会制度是可以互相借鉴、共存共荣的。各种文明各放异彩，我们的世界就会更加和美。

附录：

《史记·老子韩非列传》（节选）

老子者，楚苦县厉乡曲仁里人也，姓李氏，名耳，字聃，周守藏室之史也。

孔子适周，将问礼于老子。老子曰："子所言者，其人与骨皆已朽矣，独其言在耳。且君子得其时则驾，不得其时则蓬累而行。吾闻之，良贾深藏若虚；君子盛德，容貌若愚。去子之骄气与多欲，态色与淫志，是皆无益于子之身。吾所以告子者，若是而已。"

孔子去，谓弟子曰："鸟，吾知其能飞；鱼，吾知其能游；兽，吾知其能走。走者可以为罔，游者可以为纶，飞者可以为矰。至于龙，吾不能知，其乘风云而上天？吾今日见老子，其犹龙邪！"

老子修道德，其学以自隐无名为务。居周久之，见周之衰，乃遂去。至关，关令尹喜曰："子将隐矣，强为我著书。"于是老子乃著书上下篇，言道德之意五千馀言而去，莫知其所终。

或曰老莱子亦楚人也，著书十五篇，言道家之用，与孔子同时云。

盖老子百有六十余岁，或言二百余岁，以其修道而养寿也。

自孔子死之后百二十九年，而史记周太史儋（读 dān）见秦献公曰："始秦与周合，合五百岁而离，离七十岁而霸王者出焉。"或曰儋即老子，或曰非也，世莫知其然否。老子，隐君子也。

老子之子名宗，宗为魏将，封于段干。宗子注，注子宫，宫玄孙假。假仕于汉孝文帝。而假之子解为胶西王卬(读 āng)太傅，因家于齐焉。

世之学老子者则绌儒学，儒学亦绌老子。“道不同，不相为谋。”岂谓是邪？李耳无为自化，清静自正。

后 记

解读完《老子》，我似卸重荷，身心释然；思绪荡漾，心宇自宽。“澹兮，其若海；飂兮，若无止”（第二十章）。先哲之臆，智者之言，如拂面祥风，沁心瑞气，自觉沐浴在清风道气之中。

我想，如果说《资治通鉴》是帝王的镜子，那么《老子》就是帝王的案牍书，因为老子的许多话就是对天下侯王讲的，其治国理念，合于黄帝治道，两者的思想学说，史称“黄老之术”。所以《老子》是为政者的智慧书，有志青年的修养书，睿智老人的养心书，当然也应该成为人人必读的床头枕边书。

《老子》是中国古典哲学的经典。它经纬天地，包举宇内；披露天道，警示世人。其文气之清阔，语意之玄妙，思想之深邃，当然也非一般人所能悟解，因此一些章句的意涵为世尘封已久。我的解读只是表达了自己的认识和理解，抒发了自己的胸臆。如此而已，是为记。

朱武安

2018 年 1 月 杭州

图书在版编目（CIP）数据

哲人的智慧:《老子》解读 / 朱武安编著. -- 杭州 : 浙江古籍出版社, 2018.1

ISBN 978-7-5540-1189-8

Ⅰ. ①哲… Ⅱ. ①朱… Ⅲ. ①道家②《道德经》—通俗读物 Ⅳ. ① B223.1-49

中国版本图书馆 CIP 数据核字（2018）第 002213 号

哲人的智慧——《老子》解读

朱武安　编著

出版发行　浙江古籍出版社

（杭州体育场路 347 号　电话：0571-85176986）

网　　址　www.zjguji.com

责任编辑　陈小林

责任校对　余　宏

装帧设计　刘　欣

责任印务　楼浩凯

照　　排　杭州立飞图文制作有限公司

印　　刷　豪波安全科技有限公司

开　　本　880 × 1230　1/32

印　　张　10

字　　数　230 千字

版　　次　2018 年 1 月第 1 版

印　　次　2018 年 1 月第 1 次印刷

书　　号　ISBN 978-7-5540-1189-8

定　　价　32.00 元